Rosenauer/Rauter

Räumungsverfahren

**Heimo Rollett (Hrsg)**

# Räumungsverfahren

Ein kompakter Überblick
über die Räumung von Mietobjekten

**Mag. Antonia Rosenauer, LL.M**
**Katharina Rauter, LL.M**

IMMOBILIEN WIRTSCHAFT EDITION

Linde

**Zitiervorschlag:** *Autorin* in *Rollet* (Hrsg), Räumungsverfahren (2026) Seite

---

**Bibliografische Information der Deutschen Nationalbibliothek**
Die Deutsche Nationalbibliothek verzeichnet diese Publikation in der Deutschen Nationalbibliografie; detaillierte bibliografische Daten sind im Internet über http://dnb.d-nb.de abrufbar.

---

Hinweis: Wenn aus Gründen der leichteren Lesbarkeit auf eine geschlechtsspezifische Differenzierung verzichtet wird, gelten entsprechende Begriffe im Sinne der Gleichbehandlung für alle Geschlechter.



ISBN 978-3-7073-5371-6


1210 Wien, Scheydgasse 24, Tel.: 01/24 630
office@lindeverlag.at | www.lindeverlag.at

Satz: Linde Verlag Ges.m.b.H., Wien 2026

Druck und Bindung: Prime Rate Zrt.,
H-1044 Budapest, Megyeri út 53
1

# INHALT

# Vorwort

Räumungsverfahren bewegen sich im Spannungsfeld von Eigentumsrecht, Mieterschutz und verfahrensrechtlicher Effizienz und erfordern von Eigentümern, Hausverwaltungen sowie ihren rechtlichen Beratern zugleich vorausschauendes Risikomanagement, höchste juristische Sorgfalt und praktische Erfahrung.

Ein verlässlicher Kompass vereinfacht den Verfahrensablauf. Dieses Buch bietet genau das: ein praxisnahes, strukturiertes und auf die Bedürfnisse von Eigentümern, Hausverwaltungen und Beratern zugeschnittenes Navigationsinstrument durch das österreichische Bestand- und Exekutionsrecht im Kontext des Vertragsabschlusses, der Vertragsbeendigung und Räumung des Mietobjekts. Die rechtlichen Grundlagen werden systematisch aufbereitet, die maßgeblichen Verfahrensschritte nachvollziehbar dargestellt und an entscheidenden Stellen mit praxistauglichen Mustern, Hinweisen und taktischen Überlegungen angereichert.

Der Leitfaden des Buchs setzt bewusst früh an. Er zeigt, dass die Weichen für eine erfolgreiche Räumung nicht erst mit der Klage, sondern bereits bei der Vertragsgestaltung gestellt werden. Von der konkreten Beschreibung des Mietobjekts über die Regelung zu Befristungen sowie Kündigungsmodalitäten, Kaution und Rückstellung bis hin zu zulässigen Zusatzvereinbarungen: Wer hier präzise arbeitet, schafft die Grundlage für spätere Rechtssicherheit.

Zentrales Thema des Buchs ist die Verfahrenspraxis. Klar verständlich werden die verfahrensrechtlichen Unterschiede, Gemeinsamkeiten und typischen Stolpersteine von Räumungsklage und Aufkündigung sowie alternative Methoden zur Beendigung eines Mietverhältnisses erläutert. Mit der Beendigung des Mietverhältnisses ist das Ziel jedoch häufig nicht erreicht und wird die Exekutionsführung notwendig. Das Buch führt praxisnah durch das Exekutionsverfahren und seine Besonderheiten.

Es richtet sich einerseits an Eigentümer und Hausverwaltungen sowie andererseits an Juristen.

Das Buch ist sohin aus der Praxis für die Praxis geschrieben. Wer Immobilien verantwortet, Verfahren führt oder Mandanten berät, findet hier verlässliche Orientierung und erprobte Muster.

Wien, im Oktober 2025

*Mag. Antonia Rosenauer, LL.M.*
*Katharina Rauter, LL.M.*

# 1. Einleitung

*Antonia Rosenauer*

Das vorliegende Buch bietet einen praxisorientierten Leitfaden zum Räumungsverfahren im österreichischen Bestandrecht. Es richtet sich gleichermaßen an Eigentümer und Hausverwaltungen. Ziel ist es, die komplexen Abläufe rund um die Räumung von Mietobjekten transparent darzustellen und dem Leser das notwendige Rüstzeug für eine rechtssichere und effiziente Abwicklung an die Hand zu geben.

Bereits beim Abschluss eines Mietvertrags werden die Weichen für die Beendigung desselben gestellt. Das Buch beginnt daher mit der Darstellung der wesentlichen Regelungen, die schon bei der Vertragsgestaltung zu beachten sind – von der empfohlenen Einhaltung der Schriftform, über die wirksame Befristungsregelung bis hin zu sinnvollen Zusatzklauseln. Neben dem Vertragsabschluss wird auch beleuchtet, worauf zu achten ist, wenn ein bereits bestehender Mietvertrag infolge eines Eigentümerwechsels auf den neuen Eigentümer übergeht oder die Hausverwaltung wechselt.

Ein zentrales Anliegen dieses Buches ist es weiters, die verschiedenen Wege der Vertragsbeendigung – sei es durch Zeitablauf, Kündigung oder einvernehmliche Auflösung – systematisch darzustellen. Der Leser erhält praxisnahe Hinweise, wie die Hausverwaltung oder der Eigentümer auf typische Situationen reagieren sollte, etwa wenn der Mieter eigenmächtig auszieht oder die Rückgabe des Mietobjekts verweigert.

Ein Schwerpunkt liegt sodann auf dem gerichtlichen Kündigungs- und Räumungsverfahren, das im Detail erläutert wird: Von der Vorbereitung des Verfahrens, der Auswahl der richtigen Verfahrensart (gerichtliche Aufkündigung, Räumungsklage infolge Vertragsbeendigung nach § 1118 ABGB, Räumung wegen titelloser Nutzung), über die notwendigen Unterlagen bis hin zu den Kosten. Auch alternative Wege wie der Abschluss eines Räumungsvergleichs oder der Einsatz eines vollstreckbaren Notariatsakts werden behandelt. Besonderes Augenmerk gilt dem Verbot der Selbsthilfe – also der Warnung vor eigenmächtigen Maßnahmen wie dem Austausch von Schlössern oder der Entfernung von Gegenständen des Mieters.

Das Buch begleitet den Leser weiter durch das Exekutionsverfahren, das nach einem erfolgreichen Räumungstitel notwendig werden kann. Es werden die einzelnen Schritte von der Einleitung der Exekution über die Vorbereitung und Durchführung des Räumungstermins bis hin zur Einlagerung von Gegenständen und der Abrechnung der Kosten anschaulich erklärt. Auch die Nachbereitung – etwa die Kautionsabrechnung und die Geltendmachung offener Forderungen – wird nicht außer Acht gelassen.

Insgesamt bietet das Buch eine strukturierte, verständliche und anwendungsorientierte Darstellung aller relevanten Aspekte des Räumungsverfahrens. Es vermittelt dem Leser nicht nur das notwendige rechtliche Wissen, sondern auch zahlreiche Praxistipps und Formulierungsvorschläge, um in jeder Phase des Mietverhältnisses – von der Vertragsgestaltung bis zur endgültigen Rückgabe des Mietobjekts – kompetent und rechtssicher handeln zu können.

# 2. Regelung der Räumung im Bestandvertrag

*Antonia Rosenauer*

## 2.1. Neuabschluss von Bestandverträgen

### 2.1.1. Einleitung

Der Abschluss des Bestandvertrags ist mehr als nur ein formaler Akt – er bildet die Grundlage für das gesamte Bestandverhältnis. Bereits bei der Erstellung des Bestandvertrags sollte der Vermieter bzw die von ihm beauftragte Hausverwaltung die Beendigung des Bestandverhältnisses im Blick haben. Unklare Formulierungen oder fehlende Regelungen können zu Problemen führen. Daher ist es ratsam, schon bei Vertragsabschluss entsprechende vertragliche Vorkehrungen zu treffen. Wie kommt überhaupt ein Bestandvertrag zustande? Ist eine bestimmte Form zu wahren? Welcher Regelungsinhalt ist sinnvoll? Dieses Kapitel widmet sich den Grundlagen, die sowohl bei der Erstellung als auch beim Abschluss des Vertrags zu beachten sind.

### 2.1.2. Zustandekommen des Bestandvertrags

#### 2.1.2.1. Konsensualvertrag

Beim Bestandvertrag handelt es sich um einen Konsensualvertrag. Er kommt durch die bloße Willensübereinkunft der Vertragsparteien über die wesentlichen Vertragspunkte – den Bestandgegenstand und den Bestandzins – zustande. Für das Zustandekommen des Bestandvertrags genügt es daher, wenn einer Person das Recht des Gebrauchs einer unverbrauchbaren Sache auf eine gewisse Zeit und gegen ein bestimmtes Entgelt eingeräumt wird.[1]

#### 2.1.2.2. Formfreiheit

##### 2.1.2.2.1. Arten des Abschlusses

Der Bestandvertrag ist an keine bestimmte Form gebunden. Er kann wie folgt abgeschlossen werden:

- schriftlich durch Unterfertigung der Mietvertragsurkunde von beiden Vertragsparteien,
- mündlich,
- konkludent, etwa durch Überlassung der Bestandsache und Leistung der Kaution,
- mittels Angebots und dessen Annahme durch eine im Angebot bezeichnete Art und Weise,
- im Wege der Anwaltskorrespondenz.

##### 2.1.2.2.2. Sonderbestandrecht – Schriftform als Wirksamkeitsvoraussetzung für Befristungen

Grundsätzlich bedürfen Bestandverträge auch im Anwendungsbereich des Mietrechtsgesetzes (MRG) zu ihrer Wirksamkeit nicht der Schriftform. Allerdings ist zu beachten, dass eine Befristung (siehe dazu 2.1.3.2.3.) nur dann wirksam ist, wenn sie gemäß § 29 Abs 1 Z 3 MRG schriftlich vereinbart wurde.

**Anwendungsbereich des MRG**
Zum Anwendungsbereich des MRG siehe 2.1.3.1.1.

---

1 *Riedl* in *Illedits* (Hrsg), Wohnrecht$^{4}$ (2022) § 1090 ABGB Rz 1, 2.

**Schriftform**

Schriftform bedeutet, dass der Vertrag, der den unbedingten Endtermin vorsieht, von beiden Vertragsparteien unterfertigt wurde oder eine unterfertigte Anbot- und Annahmeerklärung derartigen Inhalts vorliegt.[2]

**PRAXISTIPP**

Schon aus Beweisgründen empfiehlt es sich, Bestandverträge nicht nur mündlich, sondern schriftlich abzuschließen, unabhängig davon, ob auf den Bestandvertrag das MRG Anwendung findet oder nicht.

#### 2.1.2.2.3. Anbot- und Annahme

Gemäß § 33 TP 5 Gebührengesetz (GebG) unterliegen Bestandverträge mit ein paar Ausnahmen, wie zB Bestandverträge über Wohnungen, der Rechtsgeschäftsgebühr. Dem Gebührengesetz liegt das sogenannte Urkundenprinzip zugrunde, wonach die Gebührenpflicht eines Rechtsgeschäfts grundsätzlich erst durch die Errichtung einer Urkunde ausgelöst wird.[3] Aus diesem Grund wählen Vertragsparteien in der Praxis häufig alternative Formen des Vertragsabschlusses, um die Entstehung der Gebühr zu vermeiden.

In Betracht kommt etwa der Vertragsabschluss mittels Anbot und Annahme. In diesem Fall wird keine Gebührenpflicht ausgelöst, wenn ein schriftliches Anbot auf einen Vertragsabschluss mündlich oder durch ein im Anbot bezeichnetes Verhalten durch den Angebotempfänger angenommen wird.[4]

Vielen Vertragsparteien, die sich für diese Form des Vertragsabschlusses entscheiden, ist oft nicht bewusst, dass nach Abschluss des Bestandvertrags in dieser Form eine erhöhte Aufmerksamkeit und entsprechende Rechtskenntnis erforderlich ist. So löst beispielsweise eine Urkunde, durch die ein bereits abgeschlossenes Rechtsgeschäft bezeugt wird, Gebührenpflicht aus.[5] Wird bei zweiseitig verbindlichen Rechtsgeschäften eine rechtsbezeugende

---

2 *Prader*, MRG$^{6.13}$ § 29 (2024) E 9.

3 *Twardosz*, GebG$^{7.00}$ (2021) § 15 Rz 1.

4 *Twardosz*, GebG$^{7.00}$ (2021) § 15 Rz 87; BFG RV/7104908/2020.

5 GebR 2025, Rz 1020.

Urkunde lediglich von einem Vertragspartner unterzeichnet, so entsteht die Gebührenschuld mit dem Zeitpunkt der Übergabe oder Übermittlung der einseitig unterfertigten Urkunde an den anderen Vertragspartner oder dessen Vertreter.[6]

#### 2.1.2.2.4. Anwaltskorrespondenz

Bei der Anwaltskorrespondenz handelt es sich um einen schriftlichen Bericht des Anwalts an den eigenen Klienten über den erfolgten mündlichen Abschluss eines Rechtsgeschäfts (hier: Bestandvertrag). Der Abschluss eines Bestandvertrags im Wege der Anwaltskorrespondenz löst ebenfalls keine Gebührenpflicht aus.[7]

Auch hier gilt zu beachten, durch nachträgliche Dokumentation keine rechtsbezeugenden Urkunden (siehe 2.1.2.2.3.) zu errichten.

## 2.1.3. Vertragsgestaltung

### 2.1.3.1. Dispositives Recht

Die Bestimmungen zum Bestandvertrag finden sich in §§ 1090 ff ABGB und sind grundsätzlich dispositiver Natur. Das bedeutet, dass sie durch Parteienvereinbarung abgeändert oder ausgeschlossen werden können. Dispositive Regelungen schaffen somit eine rechtliche Grundlage, lassen aber Spielraum für individuelle vertragliche Absprachen.

#### 2.1.3.1.1. Gesetzliche Schranken

**Sittenwidrigkeit und KSchG**

Die Gestaltungsfreiheit der Vertragsparteien ist allerdings nicht grenzenlos, sondern wird diese insbesondere durch § 879 Abs 1 ABGB, welcher den Verstoß gegen ein gesetzliches Verbot oder gegen die guten Sitten mit Nichtigkeit sanktioniert, sowie – bei Verbrauchergeschäften iSd § 1 Abs 1 Konsumentenschutzgesetzes (KSchG) – zusätzlich durch die Bestimmungen des KSchG eingeschränkt.

---

6 GebR 2025, Rz 1053.

7 GebR 2019, Rz 446; VwGH 26.6.1996, 93/16/0077.

### AGB-Kontrolle

Verwendet der Bestandgeber ein vorformuliertes Mietvertragsformular, das als Allgemeine Geschäftsbedingungen (AGB) bzw Vertragsformblatt einzustufen ist, unterliegt dieses der AGB-Kontrolle. Vertragsformblätter sind wie Allgemeine Geschäftsbedingungen vorformulierte Vertragsbedingungen, die eine Vertragspartei der anderen Partei bei Vertragsabschluss stellt.[8] Der wesentliche Unterschied zu AGB besteht darin, dass Vertragsformblätter typischerweise in die Vertragsurkunde selbst integriert sind, während AGB einen äußerlich gesonderten Vertragsteil bilden.[9]

Dabei ist zunächst zu prüfen, ob die AGB wirksam in den Vertrag einbezogen wurden. Darüber hinaus müssen die einzelnen Vertragsbestimmungen einer rechtlichen Überprüfung standhalten, bestehend aus

- der Geltungskontrolle nach § 864a ABGB,
- der Inhaltskontrolle gemäß § 879 Abs 3 sowie
- im Anwendungsbereich des KSchG dem Transparenzgebot nach § 6 Abs 3 KSchG,

andernfalls die betroffene Klausel unwirksam ist.[10]

Zur Wirksamkeit einzelner Bestimmungen in Mietvertragsformularen hat sich der Oberste Gerichtshof (OGH) in mehreren Entscheidungen bereits geäußert und zahlreiche Klauseln als unzulässig beurteilt.

### MRG

Ergänzend zu den allgemeinen Bestimmungen des Bestandrechts des ABGB (§§ 1090 ff ABGB) enthält das Mietrechtsgesetz (MRG) Regelungen, die zugunsten des Mieters als relativ zwingendes Recht ausgestaltet sind. Das bedeutet, dass von ihnen zu Lasten des Mieters nicht abgewichen werden kann. Innerhalb seines Anwendungsbereichs verdrängt das MRG die entsprechenden Vorschriften des ABGB.

Der Geltungsbereich des MRG ist in § 1 MRG festgelegt. Voraussetzung für die Anwendbarkeit des MRG ist, dass es sich um die Miete von Räum-

---

8 Vgl OGH 7 Ob 93/12 w.

9 *Graf* in *Kletečka/Schauer*, ABGB-ON[1.06] (2024) § 864a Rz 3.

10 *Hausmann/Vonkilch*, Österreichisches Wohnrecht[4] § 1 MRG Rz E1 ff, E20 ff und E35 ff.

lichkeiten handelt (Wohnungen, einzelne Wohnungsteile oder Geschäftsräumlichkeiten aller Art) samt den mitgemieteten Haus- oder Grundflächen. Das MRG gilt auch für die genossenschaftlichen Nutzungsverträge über die aufgezählten Objekte.

Nach den Vorgaben des § 1 MRG wird zwischen dem Vollanwendungsbereich des MRG (§ 1 Abs 1 MRG), dem Teilanwendungsbereich (§ 1 Abs 4 und Abs 5 MRG) und der Vollausnahme (§ 1 Abs 2 MRG) unterschieden.

Für die Vertragsgestaltung ist es daher von wesentlicher Bedeutung, zunächst zu eruieren, ob auf den Mietvertrag die Bestimmungen des MRG in ihrer Gesamtheit oder nur teilweise Anwendung finden oder ob lediglich die Bestimmungen des ABGB zu berücksichtigen sind.

a) **Vollanwendungsbereich**
Gemäß § 1 Abs 1 MRG erstreckt sich der Anwendungsbereich des MRG auf die Vermietung von Wohnungen, Wohnungsteilen und Geschäftsräumlichkeiten einschließlich der mitvermieteten Grundflächen sowie auf genossenschaftliche Nutzungsverträge betreffend derartige Objekte. Nicht anwendbar ist das MRG auf die Vermietung von Flächen, es sei denn die Vermietung erfolgt in Hinblick auf die Errichtung eines Superädifikats iSd § 435 ABGB. Nach herrschender Ansicht in Judikatur und Lehre stellen Superädifikate, die auf gemieteten Grundstücken vertragsgemäß zu Wohn- oder Geschäftszwecken errichtet werden, Räumlichkeiten im mietrechtlichen Sinne dar.[11]

b) **Teilanwendungsbereich**
§ 1 Abs 4 MRG nennt jene Bestimmungen des MRG, die für Mietverhältnisse im Teilanwendungsbereich gelten. Das sind das Eintrittsrechtsrecht in einen bestehenden Mietvertrag beim Tod des Hauptmieters (§ 14 MRG), Bestimmungen über die Kaution (§ 16b MRG), Bestimmungen über die Befristung des Mietvertrags und über die Kündigung und deren Durchsetzung (§§ 29 bis 36 MRG) sowie kündigungsrechtliche Übergangsregelungen (§ 49 MRG).
Darüber hinaus ist nach herrschender Ansicht auch § 2 MRG im Teilanwendungsbereich anwendbar.

---

11 *Illedits-Lohr* in *Illedits* (Hrsg), Wohnrecht$^4$ (2022) § 1 MRG Rz 19.

In den Teilanwendungsbereich fallen:

- Mietgegenstände in Gebäuden, die aufgrund einer nach dem 30.6.1953 erteilten Baubewilligung ohne Zuhilfenahme öffentlicher Mittel neu errichtet wurden (§ 1 Abs 4 Z 1 MRG);
- Mietgegenstände, die aufgrund einer nach dem 31.12.2001 erteilten Baubewilligung durch Dachbodenausbau oder durch Aufbau neu errichtet wurden sowie nicht ausgebaute Dachbodenräumlichkeiten, die mit der Abrede vermietet werden, dass entweder in ihnen oder in einem an ihrer Stelle durchgeführten Aufbau eine Wohnung oder Geschäftsräumlichkeit errichtet wird (§ 1 Abs 4 Z 2 MRG);
- Mietgegenstände, die durch einen Zubau aufgrund einer nach dem 30.9.2006 erteilten Baubewilligung neu errichtet worden sind (§ 1 Abs 4 Z 2a MRG);
- Mietgegenstände im Wohnungseigentum in nach dem 8.5.1945 errichteten Gebäuden (§ 1 Abs 4 Z 3 MRG);
- Wirtschaftsparks (§ 1 Abs 5 MRG), wobei lediglich die §§ 14 und 29 bis 36 MRG Anwendung finden.

c) **Vollausnahme**

Bei den Vollausnahmen vom MRG handelt es sich um jene in § 1 Abs 2 MRG aufgezählten Tatbestände. Ist ein Vollausnahmetatbestand erfüllt, fällt das Mietverhältnis nicht in den Anwendungsbereich des MRG.[12]

Bei den Vollausnahmen handelt es sich um folgende Tatbestände:

- Mietgegenstände, die im Rahmen gewisser Betriebe (Beherbergungs-, Garagierungs-, Verkehrs-, Flughafenbetriebs-, Speditions- oder Lagerhausunternehmen oder eines hierfür besonders eingerichteten Heimes für ledige oder betagte Menschen, Lehrlinge, jugendliche Arbeitnehmer, Schüler oder Studenten) vermietet werden (§ 1 Abs 2 Z 1);
- Vermietung von Wohnungen oder Wohnräumen durch eine karitative oder humanitäre Organisation im Rahmen sozialpädagogisch betreuten Wohnens (§ 1 Abs 2 Z 1a MRG);
- Dienstwohnungen (§ 1 Abs 2 Z 2 MRG);
- auf höchstens sechs Monate befristete Mietverträge, sofern es sich bei dem Mietobjekt i) um einen Geschäftsraum oder ii) um eine Wohnung

---

12 *Vonkilch* in *Hausmann/Vonkilch*, Wohnrecht[4] § 1 MRG Rz 57.

der Ausstattungskategorie A oder B handelt und der Mieter die Wohnung als Zweitwohnsitz nutzt und dieser Bedarf aus einem berufsbedingten, vorübergehenden Ortswechsel resultiert (§ 1 Abs 2 Z 3 MRG);
- Freizeit- und Ferienwohnungen (§ 1 Abs 2 Z 4 MRG);
- Gebäude mit maximal zwei Mietobjekten (§ 1 Abs 2 Z 5 MRG). Vor der Wohnrechtsnovelle 2001 fand sich der Ausnahmetatbestand im Teilanwendungsbereich, sodass der Tatbestand erst bei Vermietungen ab dem 1.1.2002 maßgebend ist.[13]

#### 2.1.3.2. Regelungsinhalt

##### 2.1.3.2.1. Überblick

Für die rechtssichere Gestaltung eines Bestandvertrages ist es ratsam, verschiedene Aspekte klar zu regeln. Dazu zählen insbesondere:

- → Bestandobjekt
- → Zweck
- → Bestandzins
- → Dauer
- → Instandhaltung
- → Kaution
- → Beendigung (Kündigungsgründe, Kündigungsfristen und -termine)
- → Rückstellungspflicht

In diesem Kapitel werden ausgewählte Vertragspunkte näher betrachtet, die speziell im Zusammenhang mit der Beendigung des Bestandverhältnisses von Bedeutung sind.

##### 2.1.3.2.2. Bestandobjekt

Als Bestandobjekt kann jede unverbrauchbare Sache dienen, an welcher ein Gebrauchsrecht ausgeübt werden kann.[14]

Nebenräumlichkeiten, die zum Bestandobjekt gehören wie beispielsweise Balkone oder Terrassen, gelten auch dann als mitvermietet, wenn sie weder

---

13 *Vonkilch* in *Hausmann/Vonkilch*, Wohnrecht⁴ § 1 MRG Rz 77.

14 *Pesek* in *Schwimann/Neumayr* (Hrsg), ABGB Taschenkommentar⁶ (2023) § 1094 ABGB Rz 12.

ausdrücklich im Bestandvertrag erwähnt noch bei Vertragsabschluss thematisiert wurden.[15]

Ob mehrere an den Bestandnehmer überlassene Objekte eine einheitliche Bestandsache bilden, richtet sich nach ständiger Rechtsprechung in erster Linie nach dem Willen der Parteien.[16] Eine objektive Verbindung der Objekte, etwa durch wechselseitige Notwendigkeit oder Nützlichkeit, kann dabei auf die entsprechende Absicht der Parteien hindeuten.[17]

**PRAXISTIPP**

In Hinblick auf die Funktion einer Räumungsklage oder einer gerichtlichen Aufkündigung als Exekutionstitel (3.2.1. und 3.2.2.) ist bereits bei Abschluss des Bestandvertrags darauf zu achten, dass das Bestandobjekt unter Angabe des Ausmaßes und dessen Lage im Bestandvertrag möglichst genau beschrieben wird.

Durchaus sinnvoll ist es in diesem Zusammenhang, dem Bestandvertrag einen Lageplan als Vertragsanlage, welche einen integrierten Bestandteil des Bestandvertrags bilden soll, anzuschließen.

Zu empfehlen ist auch, das Geburtsdatum des Bestandnehmers in die Vertragsurkunde aufzunehmen.

#### 2.1.3.2.3. Dauer

**Allgemeines**

Bestandverträge können auf unbestimmte oder auf bestimmte Dauer abgeschlossen werden. Es ist daher essenziell, im Vertrag Bestimmungen über die Laufzeit zu regeln. Ist auf das Bestandverhältnis das MRG anzuwenden, ist besonderes Augenmerk darauf zu legen, dass eine etwaige Befristung wirksam vereinbart wird.

**Befristung**

Die Befristung eines Bestandvertrages kann entweder durch die Festlegung eines bestimmten Zeitraums für die Vertragsdauer oder durch die Verein-

[15] 2 Ob 107/97t ua.

[16] 1 Ob 193/09b; 1 Ob 8/13b; 8 Ob 28/18b, 4 Ob 178/22p.

[17] 4 Ob 83/15g; 7 Ob 144/19f.

barung eines (zumindest bestimmbaren) Endzeitpunktes erfolgen, selbst wenn dieser noch ungewiss ist und nicht kalendermäßig festgelegt wurde, wie etwa der Tod des Bestandnehmers oder des Bestandgebers.

Wichtig zu wissen: Bei befristeten Bestandverträgen ist das ordentliche Kündigungsrecht gemäß § 1116 ausgeschlossen. Befristete Verträge können, sofern keine abweichende Vereinbarung getroffen wurde oder keine gesetzliche Ausnahme besteht, nicht durch ordentliche Kündigung beendet werden; auch bedarf es keiner Vereinbarung eines Kündigungsverzichts.[18]

**PRAXISTIPP**

Das MRG sieht für Mieter einen sehr starken Kündigungsschutz vor. Der Vermieter kann einen unbefristeten Mietvertrag nur aus bestimmten, gesetzlich geregelten Gründen kündigen (vgl § 30 MRG sowie 4.3.1.). Für den Vermieter ist es daher oft schwierig, einen unbefristeten Vertrag zu beenden. Bei einem befristeten Mietvertrag hingegen endet das Mietverhältnis automatisch mit Ablauf der vereinbarten Zeit, ohne dass es einer Kündigung bedarf. Das gibt dem Vermieter eine bessere Planbarkeit und Flexibilität.

**Befristung und MRG**

Im Anwendungsbereich des MRG gilt es im Hinblick auf die Befristungsregelung besonderes Augenmerk zu legen auf:

a) **Schriftlichkeit**

   Wie bereits ausgeführt (2.1.3.2.3.) bedarf es für die Wirksamkeit der Befristungsregelung der Schriftlichkeit.

b) **konkreter Endtermin**

   Der Endtermin des Mietverhältnisses muss von vornherein durch Datum oder Fristablauf bestimmt sein.[19] Es genügt jede Formulierung, die der Absicht des Gesetzgebers entspricht, der Mieter solle sich von vornherein auf eine bestimmte Laufzeit einstellen können. Das ist der Fall, wenn ent-

---

18 *Pesek* in *Schwimann/Neumayr* (Hrsg), ABGB Taschenkommentar[6] (2023) § 1113 ABGB Rz 1 mwN.

19 RIS-Justiz RS0090569.

weder der Endtermin datumsmäßig angegeben oder wenn dieser Termin durch die Angabe des Anfangszeitpunkts eindeutig festgelegt ist.[20]
Nach der bisherigen ständigen Judikatur des OGH muss der unbedingte Endtermin des Mietverhältnisses aus der Urkunde selbst hervorgehen.[21] Nur wenn der Endtermin ausreichend transparent ist, kann der Mieter erkennen, dass das Mietverhältnis zu diesem Termin enden wird. Ob ein Endtermin bestimmt ist, ist durch Auslegung zu ermitteln.[22]

c) **Mindestlaufzeit bei Wohnungsmietverträgen**
Bei der Wohnungsmiete hat die Laufzeit mindestens drei Jahre zu betragen (§ 29 Abs 1 Z 3 lit b MRG). Ein Ministerialentwurf für ein Bundesgesetz, mit dem unter anderem das MRG geändert werden soll, sieht vor, die Mindestbefristungsdauer für Wohnungsmietverträge im Anwendungsbereich des MRG von drei auf fünf Jahre zu erhöhen, sofern der Vermieter Unternehmer ist.[23]

**Rechtsfolgen bei unwirksamer Befristung**

Schließen die Parteien im Anwendungsbereich des MRG einen befristeten Mietvertrag, der nicht den im Gesetz vorgesehenen Voraussetzungen entspricht – etwa aufgrund fehlender Schriftform, weil der Endtermin nicht eindeutig aus der Urkunde hervorgeht oder die vereinbarte Laufzeit zu kurz ist – führt der bloße Ablauf der Frist nicht zur Auflösung des Mietverhältnisses. Bis zum vereinbarten Endtermin verzichten beide Parteien aufgrund der Befristung auf ihr ordentliches Kündigungsrecht. Mangels einer abweichenden Vereinbarung zur vorzeitigen Kündigung sind beide Parteien daher für die gesamte Vertragsdauer gebunden. Weder der Vermieter noch der Mieter kann das Mietverhältnis vor Ablauf der vereinbarten Zeit auflösen.[24] Wohnungsmieter – nicht jedoch Geschäftsraummieter – haben gemäß § 29 Abs 2 MRG ein zwingendes und unverzichtbares Recht, ein befristetes Mietverhältnis bereits nach einem Jahr unter Einhaltung einer dreimonatigen

20 RIS-Justiz RS0070201.
21 OGH 22.12.2011, 2 Ob 196/11d, OGH 19.10.2005, 7 Ob 168/05i; OGH 26.09.2001, 7 Ob 215/01w; OGH 01.10.1996, 4 Ob 2194/96t.
22 RIS-Justiz RS0090569.
23 50/ME XXVIII. GP – Ministerialentwurf.
24 RIS-Justiz RS0109759.

Kündigungsfrist vorzeitig zu beenden. Dieses Kündigungsrecht kann erstmals nach Ablauf eines Jahres ausgeübt werden. Unter Berücksichtigung der Kündigungsfrist sowie eines zulässigen Kündigungstermins kann das Mietverhältnis daher frühestens nach 16 Monaten enden. Eine bereits vor Ablauf des ersten Jahres ausgesprochene Kündigung ist dabei nicht unwirksam. Vielmehr ist sie dahingehend auszulegen, dass das Mietverhältnis zum frühestmöglichen zulässigen Zeitpunkt – also nach Ablauf von 16 Monaten – endet.[25]

**MUSTERFORMULIERUNG FÜR EINE WIRKSAME BEFRISTUNGSREGELUNG**

Das Bestandverhältnis ist befristet und endet automatisch durch Zeitablauf am *[Datum]*, ohne dass es einer gesonderten Kündigung bedarf.

#### 2.1.3.2.4. Beendigung

**Festlegung von Kündigungsfristen und -terminen**

Im Mietvertrag empfiehlt es sich, Bestimmungen über Kündigungsmodalitäten wie Form, Kündigungsfrist und Kündigungstermin vorzusehen, wobei auf gesetzliche Vorgaben Bedacht zu nehmen ist.

a) **Verbrauchergeschäft**
   Gegenüber Verbrauchern (§ 1 KSchG) ist in Hinblick auf § 6 Abs 1 Z 4 KSchG darauf zu achten, dass keine strengere Form als die Schriftform vereinbart wird. Die vertraglichen Vorgaben, dass der Bestandnehmer ein bestimmtes Formblatt verwenden oder die Kündigung mittels eingeschriebenen Briefs erklären muss, wären demnach unwirksam.[26]
b) **Sonderbestandrecht**
   Gemäß § 29 Abs 2 MRG kommt dem Bestandnehmer auch bei befristeten Mietverträgen nach Ablauf eines Jahres der ursprünglichen vereinbarten oder verlängerten Vertragsdauer unter Einhaltung einer Kündigungs-

---

[25] OGH 8 Ob 79/22h; *Pesek* in *Schwimann/Neumayr* (Hrsg), ABGB Taschenkommentar[6] (2023) § 1113 ABGB Rz 4 mwN.

[26] *Apathy* in *Schwimann/Kodek* (Hrsg), Praxiskommentar ABGB[4] (2015) § 6 KSchG Rz 20.

frist von drei Monaten zum jeweils Monatsletzten ein Kündigungsrecht zu. Entgegenstehende Vereinbarungen zu Lasten des Mieters sind unwirksam.[27]

Wurden im Bestandvertrag keine Kündigungstermine und -fristen vereinbart, kommen jene des § 560 ZPO zu Anwendung (siehe 4.4.1.1.).[28]

**Kündigungsverzicht**

Bei Bestandverträgen auf unbestimmte Dauer oder bei befristeten Verträgen, bei denen die Zulässigkeit einer ordentlichen Kündigung vereinbart wurde, kann die Regelung eines Kündigungsverzichts durchaus zweckmäßig sein. Im festgelegten Zeitraum ist sodann keine ordentliche Kündigung möglich.

Bei formularmäßigen Mietverträgen ist allerdings bei der Vereinbarung eines Kündigungsverzichts die Schutzvorschrift des § 879 Abs 3 ABGB zu berücksichtigen. Ein vorformulierter Kündigungsverzicht des Wohnungsmieters über einen Zeitraum von fünf Jahren stellt etwa eine gröbliche Benachteiligung im Sinne dieser Bestimmung dar. In Verbraucherverträgen verbietet zudem § 6 Abs 1 Z 1 KSchG einen unangemessenen Kündigungsverzicht.[29]

**Auflösungs- und Kündigungsgründe**

a) **§ 1117 ABGB**

Dauerschuldverhältnisse können bei Vorliegen eines wichtigen Grundes vorzeitig aufgelöst werden. § 1117 ABGB nennt Gründe bei Bestandverhältnissen, bei deren Vorliegen der Bestandnehmer berechtigt ist, die vorzeitige Auflösung herbeizuführen siehe 4.4.1.2.).[30] § 1117 ABGB ist nach herrschender Lehre dispositiv, sodass grundsätzlich bereits im Vorhinein auf das Auflösungsrecht verzichtet werden kann. Dies gilt jedoch nicht, wenn es sich um ein Verbrauchergeschäft handelt (§ 6 Abs 1 Z 1, § 9 KSchG) oder der Verzicht – insbesondere bei langfristigen Verträgen – sittenwidrig wäre (10 Ob 26/15v). Wird der Verzicht auf das Auf-

---

[27] *Wieger* in *Illedits* (Hrsg), Wohnrecht[4] (2022) § 29 MRG Rz 19, 21.

[28] *Frauenberger* in *Rechberger*, Kommentar zur ZPO[4] (2014) § 560 Rz 2.

[29] *Pesek* in *Schwimann/Neumayr* (Hrsg), ABGB Taschenkommentar[6] (2023) § 1118 ABGB Rz 3 mwN.

[30] RIS-Justiz RS0020919.

lösungsrecht in Allgemeinen Geschäftsbedingungen vereinbart, ist für dessen Wirksamkeit eine sachliche Rechtfertigung erforderlich, da andernfalls ein Verstoß gegen § 879 Abs 3 vorliegen könnte.[31]

b) **§ 1118 ABGB**

§ 1118 ABGB regelt die vorzeitige Auflösung des Bestandverhältnisses durch den Bestandgeber und enthält drei Auflösungstatbestände, i) den erheblich nachteiligen Gebrauch, ii) den qualifizierten Mietzinsrückstand und iii) die Neuaufführung des Gebäudes (siehe 4.3.1.).

§ 1118 ABGB ist ebenso dispositiv. Das bedeutet, dass die Auflösungsgründe ausgeweitet oder auch eingeschränkt werden können. In Betracht kommt beispielsweise ein bestimmter Grund des MRG oder der Nichterlag der Kaution.[32]

Im Voll- oder Teilanwendungsbereich des MRG ist allerdings die Erweiterung der in § 1118 vorgesehenen Auflösungsgründe unzulässig. Ein vertraglich (unzulässig) als Auflösungsgrund vereinbarter Tatbestand kann jedoch wiederum als Kündigungsgrund iSd § 30 Abs 2 Z 13 MRG gewertet werden, sofern die Voraussetzungen dieser gesetzlichen Bestimmung erfüllt sind.[33]

Im Anwendungsbereich des MRG, unabhängig davon, ob das Mietverhältnis in den Voll- oder Teilanwendungsbereich fällt, ist die Kündigung eines auf unbestimmte Zeit abgeschlossenen Mietverhältnisses durch den Vermieter nur bei Vorliegen eines wichtigen Grundes möglich.[34] Die Kündigungsgründe sind in § 30 MRG geregelt.

Mangels einer entsprechenden Vereinbarung ist es dem Vermieter nach der Systematik des MRG nicht möglich, das auf bestimmte Dauer geschlossene Mietverhältnis vor deren Ablauf durch Kündigung aufzulösen. Eine vorzeitige Aufhebung des Vertrags kann, abgesehen vom Fall des § 29 Abs 1 Z 2 MRG, nur unter den Voraussetzungen des § 1118 ABGB begehrt werden. Bei befristeten Mietverhältnissen kann jedoch eine Möglichkeit zur vorzeitigen Kündigung vertraglich vereinbart werden.[35]

---

31 *Pesek* in *Schwimann/Neumayr* (Hrsg), ABGB Taschenkommentar$^{6}$ (2023) § 1117 ABGB Rz 8.

32 *Pesek* in *Schwimann/Neumayr* (Hrsg), ABGB Taschenkommentar$^{6}$ (2023) § 1118 ABGB Rz 6 mwN.

33 *Wieger* in *Illedits* (Hrsg), Wohnrecht$^{4}$ (2022) § 29 MRG Rz 49.

34 *Pesek* in *Schwimann/Neumayr* (Hrsg), ABGB Taschenkommentar$^{6}$ (2023) § 1116 ABGB Rz 14.

35 *Prader*, MRG 6.15 § 29 (2025).

## MUSTERFORMULIERUNG FÜR EINE VORZEITIGE KÜNDIGUNGSMÖGLICHKEIT BEI BEFRISTETEM MIETVERTRAG

Das Bestandverhältnis ist befristet und endet automatisch durch Zeitablauf am *[Datum]*, ohne dass es einer gesonderten Kündigung bedarf. Ungeachtet der vereinbarten Befristung hat der Bestandnehmer das Recht, das Bestandverhältnis unter Einhaltung einer dreimonatigen Kündigungsfrist zum Monatsletzten aufzukündigen.

### 2.1.3.2.5. Kaution

**Allgemeines**

Zur Besicherung künftiger Forderungen des Vermieters gegenüber dem Mieter kann zwischen den Vertragsparteien eine Kaution vereinbart werden. Als Kautionsformen kommen in der Regel die Barkaution, das Sparbuch oder eine Bankgarantie in Betracht.

**Höhe**

Es gibt keine gesetzliche Regelung, welche die Höhe der Kaution festlegt. Nach der Rechtsprechung wird im Vollanwendungsbereich des MRG unter Hinweis auf § 27 Abs 1 Z 1 MRG der Betrag von sechs Bruttomonatsmieten für zulässig erachtet.[36] In der Praxis werden häufig drei Bruttomonatsmieten vereinbart.

**Wiederauffüllungspflicht**

Es kann vorkommen, dass die Kaution oder ein Teil davon zur Abdeckung von Mietzinsrückständen während des aufrechten Vertragsverhältnisses herangezogen wird. Sofern im Mietvertrag nicht Gegenteiliges vereinbart ist, ist der Vermieter berechtigt, die Kaution für Mietzinsrückstände heranzuziehen, aber er ist dazu nicht verpflichtet.

### 2.1.3.2.6. Rückstellung des Bestandobjekts

**Allgemeines**

Gemäß § 1109 ABGB hat der Bestandnehmer das Bestandobjekt unter Berücksichtigung der gewöhnlichen Abnutzung in jenem Zustand zurückzustellen, in dem er es bei Vertragsbeginn übernommen hat (vgl zur Rückstellung 4.6.).

[36] RIS-Justiz RS0105974.

§ 1109 ABGB stellt dispositives Recht dar, sodass eine davon abweichende Regelung der Parteien über die Fälligkeit und den Inhalt der Rückstellung des Bestandobjekts durchaus zulässig ist.

**Schranken vertraglicher Regelungen**
Vereinbarungen in Formularmietverträgen, die den Bestandnehmer verpflichten, am Ende der Vertragsdauer Renovierungsarbeiten im Bestandobjekt durchzuführen, können wegen gröblicher Benachteiligung gemäß § 879 Abs 3 ABGB nichtig sein. Sie müssten im Einzelnen ausverhandelt werden und sollten Rechtfertigungsgründe enthalten.

**Benützungsentgelt**
Bei verspäteter Rückstellung durch den Bestandnehmer kann der Bestandgeber gemäß § 1041 ABGB ein angemessenes Benützungsentgelt verlangen, unabhängig vom tatsächlichen Nutzen, sofern er die Rechtsgrundlosigkeit der Nutzung nachweist. Die Höhe orientiert sich am ortsüblichen Mietzins, wobei der vereinbarte Bestandzins als Anhaltspunkt dient.[37]

## 2.1.4. Praxishinweise in Bezug auf das Ende eines Bestandverhältnisses

### 2.1.4.1. Einleitung

Die rechtzeitige Vorbereitung auf das Ende des Bestandverhältnisses ist entscheidend, um Verzögerungen bei der Rücknahme des Bestandobjekts zu vermeiden.

### 2.1.4.2. Maßnahmen vor Rückstellung des Bestandobjekts

Bevor das Bestandobjekt nach Ablauf des Bestandverhältnisses an den Bestandgeber zurückgegeben werden kann, empfiehlt es sich, verschiedene organisatorische Maßnahmen zu setzen, um einen reibungslosen Ablauf der Rückstellung sicherzustellen (siehe auch 4.6.1.):

---

37 *Rassi* in *Bydlinski/Perner/Spitzer* (Hrsg), Kommentar zum ABGB[7] (2023) zu §§ 1109–1110 ABGB Rz 4 mwN.

- Kalendierung des Endtermins,
- Setzung einer Vorfrist (zB drei bis sechs Monate vor Vertragsende), um den Bestandnehmer rechtzeitig an die bevorstehende Rückgabe zu erinnern,
- Vereinbarung eines etwaigen Besichtigungstermins mit dem Bestandnehmer, um das Bestandobjekt Makler und Interessenten zeigen zu können,
- Vereinbarung eines konkreten Rückstellungstermins mit dem Bestandnehmer,
- Vorbereitung des Rückgabeprotokolls.

Erlangt der Vermieter bereits während des aufrechten Mietverhältnisses Kenntnis davon, dass der Mieter die Wohnung nach Ablauf der Frist nicht zurückstellen will, hat er bereits vor Ablauf der Vertragsdauer die Möglichkeit, einen Übergabeauftrag nach § 567 ZPO an das zuständige Gericht zu stellen. Der Übergabeauftrag bezweckt die vorbeugende Schaffung eines Exekutionstitels in Fällen, in denen Bestandverträge durch Zeitablauf erlöschen (siehe 3.3.1.).

## 2.2. Bestehende Mietverträge

### 2.2.1. Einleitung

Im Rahmen dieses Kapitels werden insbesondere die rechtlichen Konsequenzen bei einem Wechsel des Vermieters sowie bei einem Wechsel der Hausverwaltung dargestellt. Ziel ist es, einen praxisorientierten Überblick über die wichtigsten Fragestellungen und Abläufe zu geben, die im Zusammenhang mit bestehenden Mietverträgen auftreten können. Dabei werden sowohl die gesetzlichen Grundlagen als auch die praktische Umsetzung in den Vordergrund gestellt.

### 2.2.2. Vermieterwechsel

#### 2.2.2.1. Einleitung

Die nächsten Seiten widmen sich den rechtlichen Rahmenbedingungen und praktischen Konsequenzen eines Eigentümerwechsels im Zusammenhang mit Bestandverträgen. Für Mieter und Vermieter stellt sich die Frage, inwiefern sich der Eigentümerwechsel auf die Rechte und Pflichten aus dem Bestandvertrag auswirkt.

Insbesondere ist zu klären, ob und in welchem Umfang der Erwerber in bestehende Bestandverträge eintritt.

#### 2.2.2.2. Auswirkungen auf den Bestandvertrag bei Eigentümerwechsel

##### 2.2.2.2.1. Eintritt des Erwerbers in den Bestandvertrag

**Anwendungsbereich des ABGB**

Veräußert der Bestandgeber das Bestandobjekt und übergibt es an den Erwerber, tritt dieser von Gesetzes wegen in das Bestandverhältnis ein, vorausgesetzt, das Bestandobjekt wurde bereits an den Bestandnehmer übergeben.[38]

Maßgeblicher Zeitpunkt und Voraussetzung des Vertragseintritts ist die „Übergabe" des Bestandobjekts an den Erwerber. Bei Bauwerken auf fremdem Grund nach § 435 ABGB (Superädifikaten), erfolgt diese durch Urkundenhinterlegung. Bei Liegenschaften kommt es auf die Einverleibung des Eigentumsrechts im Grundbuch an, wobei auf das Einlangen des Grundbuchsgesuchs abgestellt wird. Doch bereits vor Einverleibung des Eigentumsrechts können nach der Rechtsprechung dem Erwerber durch Überlassung von Besitz und Verwaltung die Rechte aus dem Bestandvertrag abgetreten werden. In der Lehre wird die Meinung vertreten, dass es für die wirksame Abtretung der ausdrücklichen oder zumindest konkludenten Zustimmung des Bestandnehmers bedarf.[39]

Mit dem Eintritt des Erwerbers in den Bestandvertrag gehen sämtliche Rechte und Pflichten des bisherigen Bestandgebers unter dem Bestandvertrag auf ihn über. Davon umfasst sind auch Nebenabreden, die in einem sachlichen Zusammenhang mit dem Bestandvertrag stehen, und zwar unabhängig davon, ob dem Erwerber diese bekannt sind oder ob diese üblich sind.[40]

Vom Übergang der Rechte und Pflichten aus dem Bestandverhältnis ausgenommen sind allerdings sämtliche Vereinbarungen über dessen Beendigung, insbesondere Befristungen sowie Kündigungsverzichte des früheren Bestand-

---

[38] *Pesek* in *Schwimann/Neumayr* (Hrsg), ABGB Taschenkommentar[6] (2023) § 1120 ABGB Rz 2.

[39] *Pesek* in *Schwimann/Neumayr* (Hrsg), ABGB Taschenkommentar[6] (2023) § 1120 ABGB Rz 3 mwN.

[40] *Rassi* in *Bydlinski/Perner/Spitzer* (Hrsg), Kommentar zum ABGB[7] (2023) zu § 1120 ABGB Rz 5.

gebers. Dem Erwerber des Bestandobjekts kommt nämlich ein gesetzliches Kündigungsrecht zu. Dieses steht ihm aber nicht zu, sofern das Bestandrecht im Grundbuch eingetragen ist. Ein Teil der Lehre vertritt die Auffassung, dass das vorzeitige Kündigungsrecht nicht nur dem Bestandgeber, sondern auch dem Bestandnehmer zusteht.[41]

**Sonderbestandrecht**

Im Anwendungsbereich des MRG regelt die zwingende Bestimmung des § 2 Abs 1 Satz 4 MRG, welche nach herrschender Meinung auch im Teilanwendungsbereich gilt, den Eintritt des Einzelrechtsnachfolgers des Vermieters in das bestehende Mietverhältnis.

Gemäß § 2 Abs 1 Sätze 4 und 5 MRG ist der Rechtsnachfolger des Vermieters ab dem Zeitpunkt der Übergabe des Mietgegenstandes an den Hauptmieter und an den wirksam geschlossenen Hauptmietvertrag gebunden – auch dann, wenn dieser nicht verbüchert wurde. Eine besondere Kündigungsmöglichkeit steht dem Rechtsnachfolger in diesem Fall allerdings nicht zu.

Bezüglich Nebenabreden mit ungewöhnlichem Inhalt gilt jedoch: An solche ist der Erwerber nur dann gebunden, wenn er sie kannte oder kennen musste. Eine Nebenabrede gilt als ungewöhnlich, wenn sie bei vergleichbaren Mietverhältnissen typischerweise nicht oder nur sehr selten vereinbart wird.[42]

### 2.2.3. Wechsel der Hausverwaltung

#### 2.2.3.1. Einleitung

Hausverwaltungen übernehmen eine zentrale Rolle bei der Bewirtschaftung und Verwaltung von Immobilien, indem sie unter anderem für die ordnungsgemäße Instandhaltung des Gebäudes, die Vorschreibung der Miete, die Abrechnung der Betriebskosten und die Kommunikation mit Mietern verantwortlich sind. Ein Wechsel der Hausverwaltung kann aus unterschiedlichen Gründen erfolgen, etwa aus wirtschaftlichen Überlegungen, wegen Unzufriedenheit mit der bisherigen Verwaltung oder infolge eines Eigentümerwechsels.

---

[41] *Pesek* in *Schwimann/Neumayr* (Hrsg), ABGB Taschenkommentar[6] (2023) § 1120 ABGB Rz 8.

[42] *Pesek* in *Schwimann/Neumayr* (Hrsg), ABGB Taschenkommentar[6] (2023) § 1120 ABGB Rz 11.

Damit der Übergang reibungslos vonstattengeht, ist es wichtig, dass die bisherige Verwaltung alle relevanten Unterlagen vollständig und geordnet an die neue Hausverwaltung übergibt. Dies stellt sicher, dass die neue Verwaltung ihre Aufgaben ordnungsgemäß und effizient übernehmen kann. Zudem ist ein reibungsloser Übergang auch im Sinne der bisherigen Hausverwaltung, erspart sie sich hierdurch womöglich zahlreiche Rückfragen aufgrund unübersichtlicher Unterlagen.

Bei der Übernahme einer Immobilie durch eine neue Hausverwaltung spielt der korrekte Umgang mit den bereits bestehenden Mietverhältnissen eine zentrale Rolle. Dieser Prozess ist von großer Bedeutung, da die Hausverwaltung im Namen und Auftrag des Eigentümers handelt und somit die Verantwortung für die ordnungsgemäße Verwaltung der Mietverträge übernimmt. Es ist unerlässlich, dass sämtliche Verpflichtungen, die aus dem Gesetz und/oder aus den bestehenden Verträgen resultieren, lückenlos und rechtskonform fortgeführt werden. Die neue Hausverwaltung muss sich daher zunächst einen vollständigen Überblick über alle laufenden Mietverhältnisse verschaffen. Dazu gehört, sämtliche Mietverträge sorgfältig zu prüfen, um die jeweiligen Rechte und Pflichten der Parteien zu erfassen.

#### 2.2.3.1.1. Übergabe von Unterlagen an die neue Hausverwaltung

Im Folgenden werden jene Unterlagen demonstrativ aufgelistet, die im Zusammenhang mit Bestandverhältnissen zu übergeben sind:

- Zinsliste,
- Bestandverträge samt allfälligen Nachträgen und Zusatzvereinbarungen,
- Kautionsliste und allfällig vorhandene Sparbücher und Bankgarantien,
- Abrechnungen und eine Vorausschau über zukünftige Instandhaltungs- und Instandsetzungsmaßnahmen,
- Protokolle der Eigentümerversammlungen bei Wohnungseigentum,
- offene Posten-Liste,
- Schriftverkehr mit Mietern zu laufenden Themen (zB versendete Mahnungen),
- Schriftverkehr mit Behörden, Dienstleistern und Eigentümern,
- gerichtliche Unterlagen (zB laufende Verfahren).

#### 2.2.3.1.2. Aufgaben im Zusammenhang mit der Übernahme des Objekts

Die sorgfältige Übernahme und Prüfung der bestehenden Mietverhältnisse ist entscheidend, um einen reibungslosen Übergang zu gewährleisten. Die nachstehende Auflistung soll einen Überblick über die von der neuen Hausverwaltung zu übernehmenden wichtigsten Aufgaben verschaffen:

- Überprüfung der Bestandverträge, um die Rechte und Pflichten beider Vertragsparteien zu kennen, insbesondere in Hinblick auf deren Beendigungszeitpunkt; Zusatzvereinbarungen und Nachträge sind ebenfalls zu berücksichtigen; es empfiehlt sich, vereinbarte Befristungen und Kündigungsverzichte zu kontrollieren und zu kalendieren;
- Übernahme der Mieterkonten (offene Forderungen, Guthaben, Rückstände) und Kautionskonten;
- Information der Bestandnehmer; die Bestandnehmer sollten unter Angabe der neuen Kontaktdaten, Ansprechpartner und Bankverbindung schriftlich über den Wechsel der Hausverwaltung informiert werden;
- Weiterbearbeitung offener Anliegen wie zB laufende Reparaturen, Mängelanzeigen oder Streitigkeiten.

### 2.2.4. Wirtschaftliche Optimierung der Immobilie

#### 2.2.4.1. Einleitung

Die wirtschaftliche Optimierung einer vermieteten Immobilie ist ein zentrales Anliegen für Eigentümer, die den Wert und die Rentabilität ihrer Immobilie langfristig sichern und steigern möchten. Der Vermieter hat ein Interesse, einen dem Wert der Immobilie entsprechenden Mietzins zu lukrieren und gegebenenfalls den Mietzins zu erhöhen. Sofern die vertraglichen Voraussetzungen nicht gegeben sind, ist es dem Vermieter allerdings nicht gestattet, eine einseitige Erhöhung des Mietzinses zu begehren. Eine Auflösung des Vertragsverhältnisses ohne Vorliegen eines wichtigen Grundes ist im Anwendungsbereich des MRG ebenso wenig möglich (siehe 4.3.2.).

Im Folgenden werden die wichtigsten Handlungsfelder und Maßnahmen zur wirtschaftlichen Optimierung systematisch dargestellt. Ziel ist es, Eigentümern einen praxisnahen Leitfaden an die Hand zu geben, der die rechtlichen Aspekte beleuchtet. Eine genaue Analyse der Mietverträge und der rechtlichen Rahmenbedingungen ist unerlässlich, um die bestmögliche Strategie zu entwickeln.

### 2.2.4.2. Vertragsprüfung und etwaige Nachverhandlungen bei bestehenden Verträgen

#### 2.2.4.2.1. Allgemeines

Eine detaillierte Prüfung der bestehenden Mietverträge ist für den neuen Eigentümer unerlässlich. Dabei sollte der Mietvertrag insbesondere in Hinblick auf die vereinbarte Laufzeit, Wertsicherungsvereinbarungen und Staffelmieten geprüft werden. Mitunter können auch Nachverhandlungen mit den Mietern den gewünschten Erfolg mit sich bringen.

Bei der Erhöhung des Mietzinses, sei es durch vertragliche Regelung oder nachträgliche Vereinbarung mit dem Mieter, müssen stets die gesetzlichen Schranken hinsichtlich deren Zulässigkeit beachtet werden. Im Vollanwendungsbereich des MRG gelten Mietzinsobergrenzen. Ist das MRG nicht oder nur zum Teil anwendbar, sind zwar die Mietzinsregelungen des MRG nicht anwendbar, doch gelten die Grenzen des ABGB-Vertragsrechts (Wucher, laesio enormis, Sittenwidrigkeit).

#### 2.2.4.2.2. Anpassung des Mietzinses aufgrund vertraglicher Vereinbarung

Bei befristeten Verträgen, deren Ablauf noch nicht kurz bevorsteht, oder bei unbefristeten Verträgen sollte geprüft werden, ob und wann eine Anpassung des Mietzinses möglich ist. Wurde eine Wertsicherung des Mietzinses vereinbart, ist auf die korrekte und zeitgerechte Anpassung des Mietzinses zu achten. Ist im Vertrag eine Staffelmiete, das heißt eine Form der Miete, bei der schon im Voraus festgelegt ist, in welchem Umfang sich die Miete zu bestimmten Zeitpunkten erhöht, normiert, ist zu prüfen, ob und wann die erhöhte Miete gegenüber dem Mieter vorgeschrieben werden kann.

### 2.2.4.3. Nachverhandlung

In manchen Fällen kann es zweckmäßig sein, mit Mietern über eine Erhöhung des Mietzinses zu verhandeln, etwa im Gegenzug für bauliche Verbesserungen an der Wohnung oder für eine Vertragsverlängerung bei befristet abgeschlossenen Vertragsverhältnissen.

#### 2.2.4.4. Neuvermietung

##### 2.2.4.4.1. Allgemeines

Wenn der Vertrag keine Anpassung des Mietzinses erlaubt und auch Vertragsverhandlungen mit Mietern zu keinem gewünschten Ergebnis führen, ist möglicherweise für viele Eigentümer eine Neuvermietung das Ziel. Durch anschließend gezielte Investitionen in die Bausubstanz kann der Wert des Hauses bzw des Mietobjekts mitunter zusätzlich gesteigert werden.

Um eine Neuvermietung zu erreichen, sind vorab bestehende Mietverhältnisse freilich aufzulösen. Zu denken ist zunächst an eine ordentliche Kündigung des Mietvertrags, sofern diese wirksam vereinbart wurde (siehe 2.1.3.2.4.) oder eine einvernehmliche Auflösung des Mietverhältnisses. Unter Umständen ist aber auch eine Auflösung bzw Kündigung des Vertragsverhältnisses aus wichtigem Grund erforderlich.

##### 2.2.4.4.2. Einvernehmliche Auflösung

Die einvernehmliche Auflösung von Mietverhältnissen kann möglicherweise durch gezielte Anreize erreicht werden, wie zum Beispiel:

- Zahlung einer Ablöse,
- Unterstützung bei der Wohnungssuche,
- Übernahme von Umzugskosten,
- Verzicht auf Schönheitsreparaturen oder (wirksam) vereinbarte Rückbauverpflichtungen,
- flexible Auszugsfristen.

Ein offener und wertschätzender Dialog mit den Mietern erhöht zumeist die Bereitschaft zu einvernehmlichen Lösungen. Damit die Vereinbarung wirksam ist, ist darauf zu achten, dass der Mieter freiwillig der Auflösung zustimmt. Es dürfen keine unzulässigen Druckmittel eingesetzt werden (siehe auch 4.5.).

### 2.2.4.4.3. Durchsetzung von Auflösungs- und/oder Kündigungsgründen

#### 2.2.4.4.3.1. Allgemeines

Im Anwendungsbereich des MRG kann ein Vermieter das Mietverhältnis nur aus bestimmten, im Gesetz ausdrücklich genannten Gründen kündigen. Das MRG nennt in § 30 die wichtigsten Kündigungsgründe (siehe 4.3.2.).

Zunächst ist zu prüfen, ob ein wichtiger Grund, der zur Vertragsbeendigung berechtigt, vorliegt. Diese Prüfung erfordert vom Vermieter eine sorgfältige Vorgehensweise. Es sind alle relevanten Tatsachen zu ermitteln und zu dokumentieren sowie gesetzliche und vertragliche Vorgaben einzuhalten. Nur so kann der Vermieter am besten sicherstellen, dass eine Kündigung im Streitfall auch Bestand hat.

#### 2.2.4.4.3.2. Sorgfältige Sachverhaltsermittlung

Bevor der Vermieter die Auflösung des Mietvertrags nach § 1118 ABGB oder dessen Kündigung begehrt, empfiehlt es sich, den Sachverhalt umfassend zu ermitteln. Je nach Auflösungs- bzw Kündigungsgrund können die Maßnahmen hierfür unterschiedlich sein. Alle relevanten Umstände sollten zu Beweiszwecken schriftlich festgehalten werden.

**Mietzinsrückstand**
Zahlungsrückstände sind durch Vorschreibungen an den Mieter, Nachverrechnungen, Kontoauszüge und allfällig bereits abgefertigte Mahnschreiben zu dokumentieren.

**Erheblich nachteiliger Gebrauch, Nichtbenützung, unzulässige Weitergabe**
Bei Störungen des Hausfriedens, Nichtbenützung oder vertragswidrigem Gebrauch des Mietobjekts sollten in Betracht kommende Zeugen (zB Nachbarn) befragt und deren Aussagen niedergeschrieben werden. Auch Fotos, Lärmprotokolle oder andere Beweismittel wie der Einsatz von Detektiven zur Überwachung und zur Überprüfung, ob das Mietobjekt regelmäßig vom Mieter benützt wird, könnten sinnvoll sein.

#### 2.2.4.4.4. Einhaltung gesetzlicher und vertraglicher Vorgaben

**Datenschutz und Persönlichkeitsrechte**

Bei der Ermittlung von Kündigungsgründen sind die Persönlichkeitsrechte des Mieters und der Datenschutz zu beachten. Unzulässige Überwachungsmaßnahmen (zB heimliche Videoaufnahmen) sind verboten.

**Fristen und formelle Vorgaben**

Welche Fristen und formelle Vorgaben es in Hinblick auf die Auflösung bzw Kündigung des Bestandverhältnisses aus wichtigem Grund zu beachten gilt, wird in Kapitel 4. näher dargestellt.

# 3. Kündigungs- und Räumungsverfahren

*Antonia Rosenauer*

## 3.1. Vorbereitung des Verfahrens

### 3.1.1. Einleitung

Unterliegt das Bestandverhältnis ganz oder teilweise dem Regime des Mietrechtsgesetzes (siehe 2.1.3.1.1.) oder wurde es befristet geschlossen, ohne dass eine ordentliche Kündigungsmöglichkeit des Bestandgebers vertraglich vereinbart worden ist, kann der Bestandgeber das Bestandverhältnis nur bei Vorliegen eines wichtigen Grundes, eines sog Kündigungs- bzw Auflösungsgrundes, vorzeitig kündigen bzw auflösen.

Bevor ein Bestandgeber aufgrund von Pflichtverletzungen des Bestandnehmers ein gerichtliches Verfahren zur Beendigung eines Bestandverhältnisses einleitet, muss er entscheiden, welches Verfahren er wählt.

Es steht ihm einerseits die Auflösung des Bestandverhältnisses nach § 1118 ABGB und die damit einhergehende Räumungsklage und andererseits die gerichtliche Aufkündigung gemäß § 30 MRG zur Verfügung (siehe im Detail 3.2.). Je nachdem für welches Verfahren er sich entscheidet, sind unterschiedliche Vorgaben zu berücksichtigen, auch wenn beide Verfahrensarten Gemeinsamkeiten aufweisen.

Auf den nächsten Seiten werden Gemeinsamkeiten aufgezeigt, die beiden Verfahren immanent sind.

### 3.1.2. Parteien

#### 3.1.2.1. Allgemeines

Die Parteien des Verfahrens sind sowohl bei der gerichtlichen Kündigung als auch im zivilgerichtlichen Räumungsverfahren einerseits der Bestandgeber und andererseits der Bestandnehmer. Bei der gerichtlichen Kündigung durch den Bestandgeber werden die Parteien nach der Diktion der §§ 560 ZPO die „kündigende Partei" und der „Kündigungsgegner" genannt. Im Räumungsverfahren handelt es sich bei den Parteien um den „Kläger" bzw die „klagende Partei" und um den „Beklagten" bzw „die beklagte Partei".

#### 3.1.2.2. Aktivlegitimation

**Eigentümer**

Aktivlegitimiert, das heißt zur Einbringung der Räumungsklage oder der Aufkündigung berechtigt, ist der Vermieter. Das ist in der Regel der Eigentümer des Bestandobjekts. Bei Miteigentum entscheidet die Mehrheit der Eigentümer, berechnet nach ihren Miteigentumsanteilen, bzw der Verwalter.

Strebt ein Minderheitseigentümer die Aufkündigung oder die Räumung des Mieters an, so bedarf es dazu der Zustimmung weiterer Eigentümer, die gemeinsam mit ihm die Mehrheit bilden.[43]

Sind mehrere Personen Vermieter, sind alle in der Aufkündigung bzw in der Räumungsklage anzuführen. Mehrere Bestandgeber bilden eine einheitliche Streitpartei.

[43] 8 Ob 349/99b; MietSlg 52.165.

**Sonstige Berechtigte**

Aktivlegitimiert sind weiters:

- bei Fruchtgenuss der Fruchtgenussberechtigte,[44]
- die Erben mit Rechtskraft der Einantwortung,[45]
- der außerbücherliche Erwerber einer Liegenschaft, sofern ihm vom Veräußerer der Besitz und die Verwaltung derselben bereits übertragen worden sind,[46]
- der Ersteher einer zwangsversteigerten Liegenschaft ab Erteilung des Zuschlags,
- der Zwangsverwalter nach § 111 EO,
- der Insolvenzverwalter nach § 24 IO.

#### 3.1.2.3. Passivlegitimation

Passivlegitimiert ist der Bestandnehmer, gegen den sich die Aufkündigung oder Räumungsklage richtet.

Wurde das Bestandobjekt von mehreren Bestandnehmern in Bestand genommen, bilden diese eine Rechtsgemeinschaft bürgerlichen Rechts nach § 825 ABGB und im Aufkündigungs- oder Räumungsprozess eine notwendige Streitgenossenschaft iSd § 14 ZPO.[47] In der Aufkündigung sind sämtliche Bestandnehmer anzuführen. Auch kann sich die Räumungsklage nur gegen sämtliche Bestandnehmer des Bestandobjekts richten, da ein einzelner Bestandnehmer das Bestandobjekt nicht geräumt übergeben kann, wenn andere Mitberechtigte dieses weiterhin benützen dürfen.

Ist der Bestandnehmer gestorben, ist die Räumungsklage bzw die Aufkündigung gegen den Nachlass – nach Rechtskraft der Einantwortung gegen den Erben – einzubringen. Unterbleibt die Einantwortung, ist die Verlassenschaft passivlegitimiert.

---

[44] SZ 23/118.

[45] MietSlg 39.156.

[46] 4 Ob 2146/96h; MietSlg 48.202.

[47] *Prader,* MRG[6.13] § 1090 ABGB (2024) E. 72; RIS-Justiz RS0129475, zuletzt 4 Ob 2/19a.

### 3.1.3. Vertretung

#### 3.1.3.1. Keine Anwaltspflicht

§ 27 Abs 1 ZPO regelt, dass sich Parteien unter anderem vor den Bezirksgerichten in Sachen, deren Streitwert an Geld oder Geldeswert EUR 5.000,00 übersteigt, durch Rechtsanwälte vertreten lassen müssen („absolute Anwaltspflicht"). Von der absoluten Anwaltspflicht sind allerdings nach § 27 Abs 2 ZPO Angelegenheiten, die in die Eigenzuständigkeit des Bezirksgerichts fallen, etwa Bestandstreitigkeiten (§ 49 Abs 2 Z 5 JN), ausgenommen.[48]

§ 49 Abs 4 JN regelt, dass auch Verfügungen über gerichtliche Aufkündigungen von Bestandverträgen über die in § 49 Abs 2 Z 5 JN bezeichneten Gegenstände sowie die Erlassung von Aufträgen zur Übernahme solcher Bestandgegenstände unabhängig vom Streitwert in die Zuständigkeit der Bezirksgerichte fallen.[49]

Zusammengefasst herrscht sowohl im Kündigungs- als auch im Räumungsverfahren keine Anwaltspflicht.

#### 3.1.3.2. Vertretung und Nachweis der Vertretungsbefugnis

Da sowohl im Kündigungs- als auch im Räumungsverfahren keine Anwaltspflicht besteht, können die Parteien selbst auftreten oder sich durch eine eigenberechtigte Person als Bevollmächtigten vertreten lassen. Bevollmächtigte haben dem Gericht ihre Bevollmächtigung durch Vorlage einer Vollmachtsurkunde im Original oder in beglaubigter Abschrift nachzuweisen.[50]

Berufsmäßige Parteienvertreter wie Rechtsanwälte und Notare können sich gemäß § 30 Abs 2 ZPO auf die erteilte Vollmacht berufen, ohne einen urkundlichen Nachweis erbringen zu müssen.

**TIPP: AN DEN RECHTSANWALT ZU ÜBERGEBENDE UNTERLAGEN**

Entscheidet sich der Vermieter, das Verfahren von einem Rechtsanwalt führen zu lassen, sind diesem sämtliche Unterlagen zu übergeben, die der Beweisführung dienlich sind.

[48] *Domej* in *Kodek/Oberhammer,* ZPO-ON (2023) § 27 ZPO Rz 8.

[49] *Kustor/Prossinger* in *Kodek/Oberhammer,* ZPO-ON (2023) § 49 JN Rz 73.

[50] *Domej* in *Kodek/Oberhammer,* ZPO-ON (2023) § 30 ZPO Rz 3 f.

Im Zusammenhang mit der Durchsetzung eines Räumungsanspruchs wegen Mietzinsrückstands empfiehlt es sich, dem Rechtsanwalt nachstehende Unterlagen zu übermitteln:

- Mietvertrag und allfällig geschlossene Nachträge/Zusatzvereinbarungen zum Mietvertrag,
- Plan des zu räumenden Mietobjekts,
- allfällig an den Mieter bereits übermittelte Mahnschreiben,
- aktuelle Mietzinsvorschreibung,
- aktueller Kontoauszug.
- allfällig weitere Unterlagen wie beispielsweise Indexnachverrechnungen oder gesonderte Rechnungen für den Fall, dass sich der Mietzinsrückstand nicht allein durch Vorlage des Kontoauszuges schlüssig darstellen lässt.

## 3.1.4. Zuständigkeit des Gerichts

### 3.1.4.1. Gesetzlicher Gerichtsstand

#### Sachliche Zuständigkeit

Gemäß § 49 Abs 2 Z 5 JN besteht – unabhängig vom Streitwert – Eigenzuständigkeit des Bezirksgerichts.

#### Örtliche Zuständigkeit

Für Bestandstreitigkeiten ist gemäß § 49 Abs 2 Z 5 JN iVm § 83 JN jenes Bezirksgericht zuständig, in dessen Sprengel sich die Liegenschaft befindet.

Räumungsklagen lassen sich unter Bestandstreitigkeiten iSd § 49 Abs 2 Z 5 JN subsumieren, wenn sie aus der Beendigung des Bestandverhältnissen resultieren.[51]

Sind Räumungsklagen allerdings von Beginn an auf eine titellose Benützung gestützt, das heißt ohne vorhergehendes Bestandverhältnis, liegt keine Bestandstreitigkeit vor. Es gilt sodann der allgemeine Gerichtsstand, sodass die Klage bei dem Bezirksgericht einzubringen ist, in welchem die beklagte Partei ihren Wohnsitz hat.

---

[51] RIS-Justiz RS0122891.

#### 3.1.4.1.1. Gerichtsstandsvereinbarung

Bei dem Gerichtsstand nach § 83 Abs 1 JN handelt es sich um einen ausschließlichen Gerichtsstand, jedoch um keinen Zwangsgerichtsstand.[52] Das bedeutet, dass § 83 JN eine abweichende Gerichtsstandsvereinbarung zwischen Unternehmen oder zwischen Verbrauchern zulässt. Richtet sich die Klage oder die gerichtliche Aufkündigung gegen einen Mieter, der Unternehmer iSd § 1 UGB ist oder handelt es sich bei beiden Vertragsparteien um Verbraucher, ist vor gerichtlicher Einbringung daher zu prüfen, ob zwischen den Parteien eine Gerichtsstandsvereinbarung wirksam vereinbart wurde. Eine Gerichtsstandsvereinbarung gemäß § 104 JN begründet neben dem gesetzlichen Gerichtsstand einen Wahlgerichtsstand, es sei denn, zwischen den Vertragsparteien wurde ausdrücklich wiederum ein ausschließlicher Gerichtsstand vereinbart. In diesem Fall ist die Klage am Wahlgerichtsstand einzubringen.

#### 3.1.4.1.2. Unzuständigkeit des Gerichts

**Zurückweisung**

Räumungsklagen oder Aufkündigungen, die bei einem unzuständigen Gericht eingebracht worden sind, sind von Amts wegen mit Beschluss zurückzuweisen (vgl § 43 JN, 562 ZPO).

**Überweisungsantrag**

Gemäß § 230a ZPO kann der Kläger innerhalb von 14 Tagen ab der Zustellung des Zurückweisungsbeschlusses die Überweisung der Klage an ein anderes Gericht beantragen, sofern er nicht bereits die Gelegenheit hatte, einen Überweisungsantrag nach § 261 Abs 6 ZPO zu stellen.

Nach § 261 Abs 6 ZPO kann das Prozessgericht, sofern die beklagte Partei den Einwand der Unzuständigkeit erhebt, die Rechtssache auf Antrag der klagenden Partei an das von diesem bestimmt bezeichnete Gericht zu überweisen.

Es ist nun fraglich, ob im Kündigungsverfahren die aufkündigende Partei gegen den Zurückweisungsbeschluss in analoger Anwendung des § 230a ZPO dessen Überweisung beantragen kann, da nach dem Wortlaut des § 230a

[52] MietSlg 46.595.

ZPO lediglich von der Klage die Rede ist. Nach *Mini* soll der aufkündigenden Partei das Recht zukommen, binnen der vierzehntägigen Frist die Überweisung der Aufkündigung an das von ihm namhaft gemachte Gericht zu beantragen.[53]

Hält das ursprünglich angerufene Gericht, das den Zurückweisungsbeschluss erlassen hat, das andere Gericht nicht für unzuständig, so hat es gemäß § 230a ZPO (analog) den Zurückweisungsbeschluss durch Beschluss aufzuheben und die Klage bzw die Aufkündigung an das von der klagenden Partei bzw der aufkündigenden Partei namhaft gemachte Gericht weiterzuleiten.

Hält das Gericht das bezeichnete Gericht allerdings für unzuständig, hat es den Überweisungsantrag mittels Beschluss abzuweisen. Gegen diesen Beschluss steht das Rechtsmittel des Rekurses zu.[54]

### 3.1.5. Kosten

#### 3.1.5.1. Gerichtsgebühr

##### 3.1.5.1.1. Allgemeines

Für die Einbringung einer Aufkündigung oder einer Räumungsklage sind Gerichtsgebühren nach dem Gerichtsgebührengesetz („GGG“), sogenannte Pauschalgebühren, zu entrichten. Der Anspruch auf die Pauschalgebühr entsteht mit der Überreichung der Klage bzw der Aufkündigung an das Gericht.

##### 3.1.5.1.2. Bemessungsgrundlage

Die Höhe der zu entrichtenden Pauschalgebühr hängt von der Bemessungsgrundlage ab.

**Bewertung**

§ 16 Abs 1 Z 1 lit c GGG setzt die Bemessungsgrundlage für die Räumung mit EUR 750,00 fest. Unter diese Bemessungsgrundlage fallen ua Streitigkeiten über Räumungsklagen (lit c), gerichtliche Kündigungen von Bestand-

[53] *Mini*, Kündigungs- und Räumungsverfahren[2] (2018) Rz 102.

[54] *Mayr* in *Fasching/Konecny*[3] § 230a ZPO Rz 16.

verträgen und Aufträge zur Übergabe oder Übernahme von Bestandgegenständen (lit b).

Die mit der Einbringung der Aufkündigung und Räumungsklage verbundene Pauschalgebühr beträgt unter Berücksichtigung dieser Bemessungsgrundlage derzeit EUR 114,00.

**Streitgenossenzuschlag**

§ 19a GGG sieht eine Erhöhung der Pauschalgebühr vor, wenn in einer Rechtssache mehrere Personen gemeinsam einen Anspruch gerichtlich geltend machen oder gerichtlich in Anspruch genommen werden. Die Erhöhung beträgt 10 %, wenn zumindest auf einer Seite zwei Streitgenossen vorhanden sind, 5 % für jeden weiteren Streitgenossen, jedoch nie mehr als insgesamt 50 %.

Bringt daher ein Bestandgeber beispielsweise eine Aufkündigung gegen zwei Mitmieter ein, erhöht sich die oben angeführte Pauschalgebühr von EUR 114,00 auf EUR 125,40.

### 3.1.5.2. Rechtsanwaltskosten

#### 3.1.5.2.1. Einleitung

Wenngleich im Räumungs- und im Aufkündigungsverfahren keine Anwaltspflicht herrscht (siehe 3.1.3.1.) kommt es in der Praxis durchaus vor, dass sich Vermieter dennoch von Rechtsanwälten vertreten lassen.

Rechtsanwälte haben für ihre Tätigkeit Anspruch auf Entlohnung nach Maßgabe der Bestimmungen des Rechtsanwaltstarifgesetzes (= RATG BGBl 1969/189) und des diesem Gesetz angeschlossenen Tarifs (vgl § 1 RATG).

#### 3.1.5.2.2. Bewertung

**Allgemeines**

Die Bemessungsgrundlage, die für die Höhe der Entlohnung entscheidend ist, richtet sich gemäß § 3 RATG

- im Zivilprozess nach dem Wert des Streitgegenstands,
- im Exekutionsverfahren nach dem Wert des Anspruchs,
- im Insolvenz- und Restrukturierungsverfahren für einen Gläubiger nach der Höhe der angemeldeten Forderung einschließlich Nebengebühren,
- im Außerstreitverfahren nach dem Wert des Verfahrensgegenstands.

Der Wert des Streitgegenstands, welcher für die Berechnung der Anwaltskosten im Zusammenhang mit Aufkündigungen und Räumungsklagen maßgebend ist, setzt sich aus dem Räumungsstreitwert sowie – sofern die Räumungsklage mit einem Zahlungsbegehren verbunden wird – aus dem konkreten Mietzinsrückstand zusammen.

**Räumungsstreitwert**

Die Höhe des Räumungsstreitwerts hängt von der Größe und Art des Bestandgegenstandes ab. Die diesbezügliche Regelung findet sich in § 10 Z 2 RATG. Der Gegenstand ist gemäß dieser Regelung in Streitigkeiten aus dem Bestandvertrag und in Streitigkeiten über Räumungsklagen zu bewerten:

- bei Geschäftsräumlichkeiten, bei Wohnungen, deren Nutzfläche 90 $m^2$ übersteigt, und bei sonstigen Gegenständen mit dem sich aus den letzten 12 Monaten vor Einbringung der Aufkündigung oder der Klage ergebenden Jahresmietzins, mindestens aber sowie in den Fällen, in denen diese Bemessungsgrundlage in der Aufkündigung oder Klage nicht ziffernmäßig geltend gemacht wird, mit EUR 2.000,00 (lit a),
- bei Wohnungen, deren Nutzfläche 60 $m^2$ übersteigt und die nicht unter lit a fallen, mit EUR 1.500,00 (lit b) und
- bei kleineren Wohnungen mit EUR 1.000,00.

**Geldleistung**

Wird die Räumungsklage mit einem Zahlungsbegehren verbunden, bemisst sich der Streitwert zusätzlich aus dem ausständigen Bestandzins, der mit der Klage geltend gemacht wird.

**Streitgenossenzuschlag**

Vertritt der Rechtsanwalt in einer Rechtssache mehrere Personen oder stehen ihm mehrere Personen gegenüber, gebührt ihm nach § 15 RATG eine Erhöhung seiner Entlohnung. Diese beträgt 10 %, wenn auf einer Seite zwei vom Rechtsanwalt vertretene oder ihm gegenüberstehende Personen vorhanden sind und 5 % für jede weitere von ihm vertretene oder ihm gegenüberstehende Person, jedoch nie mehr als 50 % der Verdienstsumme einschließlich des Einheitssatzes.

**Tarifposten (TP)**
Schriftsätze eines Rechtsanwalts im Zivilverfahren sind entweder nach TP 1, 2 oder TP 3 zu entlohnen.

Für Aufkündigungen sowie für Übergabe- und Übernahmeaufträge nach § 567 ZPO sowie für Einwendungen dagegen steht eine Honorierung nach TP 2 oder TP 3 zu. TP 2 kommt zur Anwendung, wenn sich diese Schriftsätze auf die Anführung oder Bestreitung der Kündigungsgründe beschränken und keine Sachverhaltsdarstellung enthalten (TP 2, II lit d). Eine Honorierung der Schriftsätze nach dem TP 3 ist vorgesehen, wenn diese nicht unter TP 2 fallen und Sachvorbringen enthalten (TP 3A, Abschnitt I. 1.a. und c.).

**PRAXISTIPP**

Da der Streitwert und damit auch die Grundlage für die Berechnung der Anwaltskosten durch die eingeklagte Miete steigt, kann dies bei Vermögenslosigkeit des Beklagten ein Nachteil sein. Sollte davon auszugehen sein, dass der Beklagte kein Vermögen besitzt, könnte es wirtschaftlich vorteilhafter sein, zunächst eine Räumungsklage einzureichen und im Rahmen des Exekutionsverfahren zu ermitteln, ob der Beklagte über Vermögen (insbesondere Einkünfte aus unselbstständiger Arbeit) verfügt. Falls ja, könnte eine Mietzinsklage als zweiter Schritt in Erwägung gezogen werden.

Zu beachten ist in diesem Zusammenhang, dass für zwei gerichtliche Verfahren (Räumungsklage nach § 1118 ABGB bzw Kündigung und anschließende Mahnklage) auch die Gerichtsgebühren zwei Mal anfallen, während bei der kombinierten Mietzins- und Räumungsklage die Gerichtsgebühr nur einmal zu leisten ist, diese sich allerdings wieder vom Gesamtstreitwert (Räumungsbegehren und Mietzins) berechnet. Welche Variante für den Vermieter günstiger ist, hängt vom Einzelfall ab.

### 3.1.5.3. Ersatzfähigkeit der Kosten bei Aufkündigung strittig

Es ist in der Rechtsprechung und Lehre umstritten, ob die Kosten der Aufkündigung ersatzfähig sind.

Während das Landesgericht St. Pölten die Ersatzfähigkeit bejaht, und zwar auch dann, wenn vom Kündigungsgegner keine Einwendungen erhoben werden,[55] steht nach Ansicht des Landesgerichts für Zivilrechtssachen Wien kein Kostenersatz zu, solange Einwendungen nicht erhoben werden.[56]

Nach der von mehreren Landesgerichten vertretenen mittleren Meinung (media sententia) steht der kündigenden Partei ein Anspruch auf Kostenersatz bereits vor Erhebung von Einwendungen zu, wenn sie anstelle einer Räumungsklage nach § 1118 ABGB das „gelindere Mittel" der Aufkündigung gemäß §§ 560 ff ZPO wählt. Damit soll sichergestellt werden, dass die kündigende Partei in kostenrechtlicher Hinsicht nicht benachteiligt wird.[57]

## EXEKUTIONSDATENABFRAGE

Gemäß § 427 Abs 1 EO kann ein Gläubiger, um zu entscheiden, ob er einen Rechtsstreit oder ein Exekutions- oder Insolvenzverfahren einleiten oder fortsetzen soll, in bestimmte Daten über Exekutionsverfahren, die gegen seinen Schuldner wegen Geldforderungen geführt werden, elektronisch Einsicht nehmen. Voraussetzung ist, dass der an der Einsichtnahme interessierte Gläubiger das Bestehen einer Forderung gegen den Schuldner und Zweifel an dessen Bonität bescheinigt.[58] Das Vorliegen begründeter Zweifel an der Bonität des Schuldners ist anhand der individuellen Umstände des Einzelfalls zu bewerten. In der Regel genügt bereits die Nichtzahlung einer fälligen Forderung ohne eine substanzielle Bestreitung, um den Zweifel zu rechtfertigen.[59]

Zur Abfrage gelangen gemäß § 427 Abs 1 EO folgende Daten:

- → das Exekutionsgericht, das Aktenzeichen und die Höhe der betriebenen Forderungen aus Verfahren, die seit mehr als einem Monat nach Bewilligung anhängig sind, weder eingestellt noch beendet sind und bei denen weniger als zwei Jahre seit dem letzten Exekutionsschritt vergangen sind, einschließlich eines Hinweises auf eine mögliche Aufschiebung des Exekutionsverfahrens und der Art der eingesetzten Exekutionsmittel (Z 1);
- → bei Exekutionsverfahren auf bewegliche körperliche Sachen die durchgeführten Pfändungen und erfolglosen Vollzugsversuche (Z 2);

---

55 LG St Pölten 21 R 166/08g; RIS-Justiz RSP0000076.

56 LGZ Wien 38 R 284/17x.

57 *Kodek/Oberhammer*, ZPO-ON § 562 ZPO (2023) Rz 17 mwN.

58 *Sommer* in *Garber/Simotta* (Hrsg), EO – Exekutionsordnung (2023) zu § 427 EO Rz 6 mwN.

59 *Sommer* in *Garber/Simotta* (Hrsg), EO – Exekutionsordnung (2023) zu § 427 EO Rz 8 mwN.

→ die Information, dass innerhalb eines Jahres vor der Abfrage ein Vermögensverzeichnis abgegeben wurde (Z 3).

Zur Abfrage berechtigt sind gemäß § 427 Abs 2 EO Rechtsanwälte und Notare als Vertreter von Gläubigern sowie Gebietskörperschaften und Sozialversicherungsträger, wenn sie selbst Gläubiger sind.

## 3.2. Verfahrensarten

### 3.2.1. Räumungsverfahren

#### 3.2.1.1. Vorzeitige Auflösung nach § 1118 ABGB

§ 1118 ABGB gibt dem Bestandgeber das Recht, das Bestandverhältnis bei Vorliegen eines wichtigen Grundes – eines sog Auflösungsgrundes – vorzeitig, ohne Rücksicht auf die vereinbarte Vertragsdauer oder eines Kündigungsverzichts auf bestimmte Zeit und ohne Einhaltung von vertraglich vereinbarten Kündigungsfristen und -terminen aufzulösen.

##### 3.2.1.1.1. Überblick über die einzelnen Auflösungsgründe

Der Bestandgeber kann die frühere Aufhebung des Bestandvertrags fordern, wenn

→ der Bestandnehmer einen erheblich nachteiligen Gebrauch von dem Bestandobjekt macht (§ 1118 erster Fall ABGB),

→ sich der Bestandnehmer in qualifizierten Bestandzinsrückstand befindet (§ 1118 zweiter Fall ABGB),

→ das in Bestand gegebene Gebäude neu aufgeführt werden muss (§ 1118 dritter Fall).

Die Auflösungstatbestände können auch kumulativ, das heißt nebeneinander, geltend gemacht werden.

##### 3.2.1.1.2. Maßgebender Zeitpunkt

Maßgebender Zeitpunkt für die Prüfung des Vorliegens von Auflösungsgründen ist der Zeitpunkt des Zugangs der Auflösungserklärung beim Bestandnehmer bzw der Klagszustellung.[60]

---

60 *Pesek* in *Schwimann/Kodek* (Hrsg), ABGB Praxiskommentar Band 7⁵ (2021) § 1118 ABGB Rz 8.

### 3.2.1.2. Klagsinhalt

Das Verfahren wird mittels Klage, der sog Räumungsklage, eingeleitet.

Für Räumungsklagen gelten die allgemeinen Bestimmungen und Verfahrensvorschriften der ZPO. Der Klagsinhalt ist in § 226 ZPO geregelt. Die Klage hat ein bestimmtes Begehren zu enthalten. Die Tatsachen, auf welche sich der Kläger stützt, sind kurz und vollständig anzugeben und es sind die Beweismittel zu benennen, deren sich der Kläger zur Untermauerung seines Vorbringens zu bedienen beabsichtigt.

Im Gegensatz zum Kündigungsverfahren nach § 33 MRG gilt im Räumungsverfahren keine Eventualmaxime. Daher können nachträglich entstandene Auflösungsgründe auch in einem bereits bestehenden Verfahren geltend gemacht werden. Dafür ist jedoch die – zumindest konkludente – Abgabe einer erneuten Auflösungserklärung erforderlich.[61]

**PRAXISTIPP: LAGEPLAN BEILEGEN**

Bei der Räumungsklage ist besonderes Augenmerk darauf zu legen, dass das zu räumende Objekt objektiv und für Dritte erkennbar bezeichnet ist.[62] Es darf nicht zweifelhaft sein, welches Objekt zu räumen ist.[63] Der Gerichtsvollzieher muss in der Lage sein, die bei einer Räumungsexekution nach § 349 EO zu erzwingende Leistung dem Exekutionstitel zu entnehmen.[64]

Die Bestimmtheit des Räumungsbegehrens kann mitunter durch Beilage eines Lageplans erreicht werden, sofern dieser in das Begehren und in das stattgebende Urteil einbezogen wird.[65]

### 3.2.1.3. Kombinierte Mietzins- und Räumungsklage

Im Fall eines qualifizierten Mietzinsrückstands iSd § 1118 ABGB kann die Räumungsklage als Mietzins- und Räumungsklage erhoben werden. Dies hat

61 *Pesek* in *Schwimann/Kodek* (Hrsg), ABGB Praxiskommentar Band 7[5] (2021) § 1118 ABGB Rz 9.
62 LGZ Wien 7.7.1983 MietSlg 35764; LGZ Wien 30.1.1985 MietSlg 37.743.
63 LG Linz 25.1.1980 MIetSlg 32.667.
64 3 Ob 515/88 MietSlg 40.819.
65 5 Ob 548/93 MIetSlg 45.659.

den Vorteil, dass bei Stattgabe des Klagebegehrens auch exekutive Schritte zur Hereinbringung der offenen Mietzinse gesetzt werden können.

Aus dem Urteilsbegehren muss wiederum eindeutig hervorgehen, welcher konkrete Teil von der beklagten Partei zu räumen ist. Das Vollstreckungsorgan muss in der Lage sein, die zu erzwingende Leistung dem Exekutionsbeschluss zu entnehmen. Ergibt sich aus dem Klagsvorbringen, dass die gesamte Liegenschaft von der beklagten Partei vollständig zu räumen und dem Bestandgeber zu übergeben ist, so die gesamte Liegenschaft vom Klagebegehren umfasst ist, ist eine nähere Bezeichnung nicht erforderlich.[66]

## MUSTERBEISPIEL FÜR EINE KOMBINIERTE MIETZINS- UND RÄUMUNGSKLAGE

Die beklagte Partei hat von der klagenden Partei mit Mietvertrag vom 20.1.2024 die im 3. Obergeschoß des Hauses 1010 Wien, Bäckerstraße 1, gelegene Wohnung Top 38 mit 60 m² gemietet („Mietobjekt").

Das Mietobjekt steht im Eigentum der klagenden Partei.

Der aktuelle monatliche Bruttomonatsmietzins beträgt EUR 820,00.

Die beklagte Partei schuldet der klagenden Partei trotz qualifizierter Mahnung an offenem Mietzins EUR 3.280,00. Der Mietzinsrückstand setzt sich wie folgt zusammen:

| | | |
|---|---|---|
| Miete Oktober 2024 | EUR | 820,00 |
| Miete November 2024 | EUR | 820,00 |
| Miete Dezember 2024 | EUR | 820,00 |
| Miete Jänner 2024 | EUR | 820,00 |
| **gesamt** | **EUR** | **3.280,00** |

**Beweis:**

- Mietvertrag vom 20.1.2024 (Beilage ./A)
- Lageplan Mietobjekt (Beilage ./B)
- Grundbuchsauszug (Beilage ./C)
- Mietzinsvorschreibung (Beilage ./D)
- Mahnung vom 7.12.2024 (Beilage ./E)

---

66 OGH 4 Ob 36/23g.

Das Mietobjekt liegt im Sprengel des angerufenen Gerichts (§§ 49 Abs 2 Z. 5, 83 JN).

Die beklagte Partei ist trotz Mahnung und Nachfristsetzung mit Zinszahlungen über mindestens eine Zinsperiode in Verzug. Die klagende Partei erklärt daher die sofortige Aufhebung des Mietvertrages gemäß den Bestimmungen des § 1118 ABGB und beantragt nachstehendes

**URTEIL**

Die beklagte Partei ist schuldig,

1. der klagenden Partei EUR 3.280,00 sowie die Prozesskosten gemäß § 19a RAO zu Handen des Klagevertreters zu bezahlen sowie
2. die im 3. Obergeschoß des Hauses in 1010 Wien, Bäckerstraße 1, gelegene Wohnung Top 38 gemäß dem einen integrierten Bestandteil des Urteils bildenden Lageplan (Beilage ./A) zu räumen und der klagenden Partei geräumt zu übergeben; dies alles binnen 14 Tagen bei sonstiger Exekution.

#### 3.2.1.4. Pfandweise Beschreibung

Gemäß § 1101 ABGB hat der Bestandgeber zur Sicherstellung des Bestandzinses an einer unbeweglichen Sache das Pfandrecht an den eingebrachten, dem Bestandnehmer oder seinen mit ihm in gemeinschaftlichem Haushalt lebenden Familienmitgliedern gehörenden Einrichtungsstücken und Fahrnissen, soweit sie nicht der Pfändung entzogen sind. Die kombinierte Mietzins- und Räumungsklage kann mit dem Antrag auf pfandweise Beschreibung verbunden werden. Für die Bewilligung und den Vollzug der pfandweisen Beschreibung genügt, dass zumindest ein Teil des Klagebegehrens schlüssig als Bestandzinsforderung behauptet wird, auf die Höhe und Fälligkeit der Bestandzinsforderung kommt es nicht an.[67]

Im Zuge der pfandweisen Beschreibung werden die im Bestandobjekt befindlichen Gegenstände in einem gerichtlichen Protokoll verzeichnet.[68] Die pfandweise Beschreibung dient der Aufrechterhaltung des gesetzlichen Pfandrechts, da sie das gesetzliche Pfandrecht gegen die aus der Verschleppung der

---

67 *Höllwerth* in *Böhm/Pletzer/Spruzina/Stabentheiner*, GeKo Wohnrecht I (2017) § 1101 ABGB Rz 43; RIS-Justiz RS0109008.

68 *Pesek* in *Schwimann/Neumayr* (Hrsg), ABGB Taschenkommentar$^6$ (2023) § 1101 ABGB Rz 7.

eingebrachten Einrichtungsgegenstände und Fahrnisse drohende Gefahr sichert.[69]

Nach erfolgter pfandweiser Beschreibung kann der Bestandnehmer die erfassten Gegenstände und Fahrnisse weiter benützen. Soll dem Bestandnehmer hingegen verboten werden, dass er die Fahrnisse aus dem Bestandobjekt entfernt, muss der Bestandgeber eine gesonderte einstweilige Verfügung nach § 382 EO beantragen.[70]

Zu beachten ist, dass die pfandweise Beschreibung dem Bestandgeber kein Befriedigungsrecht an den Sachen des Bestandnehmers verschafft. Zur Realisierung des Pfandrechts bedarf es der exekutiven Pfändung der zugunsten der Bestandzinsforderung verhafteten Einrichtungsgegenstände und Fahrnisse.[71]

#### 3.2.1.5. Räumungsklage wegen titelloser Nutzung

Eine Liegenschaft bzw eine Räumlichkeit nutzt titellos, wer weder ein schuldrechtliches noch dingliches Recht zur Nutzung dieser hat. Der Eigentümer kann gegen den Inhaber eine auf das Eigentumsrecht gestützte Räumungsklage wegen titelloser Nutzung erheben.[72]

Leitet der Inhaber sein Benützungsrecht hingegen aus dem Recht des Vertragspartners des Eigentümers ab, ist es dem Eigentümer nicht möglich mit der Räumungsklage vorzugehen, es sei denn, die Weitergabe der Liegenschaft oder der Räumlichkeit wurde zwischen dem Eigentümer und seinem Vertragspartner, dem Hauptmieter, vertraglich ausgeschlossen.[73]

Neben dem Rechtsgrund der titellosen Benützung können in der Klage auch die Auflösungsgründe des § 1118 ABGB geltend gemachten werden. Sollte das Gericht zur gegenteiligen Auffassung gelangen und entgegen dem Vorbringen des Bestandgebers doch ein Bestandverhältnis annehmen, ist es dem Bestandgeber möglich, die Auflösung wegen Erfüllung eines in § 1118 ABGB genannten Auflösungsgrundes zu begehren.[74]

---

[69] LGZ Graz 3 R 125/00z MietSlg 52.159.

[70] *Nademleinsky* in *Schwimann*, ABGB-TaKom3 § 1101 Rz 7.

[71] 3 Ob 153/80; 3 Ob 243/11y; RIS-Justiz RS0020610.

[72] RIS-Justiz RS0010849.

[73] RIS-Justiz RS0010416.

[74] RIS-Justiz RS0010342.

Es ist auch möglich, die Räumungsklage – bei Vorliegen der Voraussetzungen des § 381 EO – mit einer einstweiligen Verfügung zu begleiten.[75]

## 3.2.2. Aufkündigung

### 3.2.2.1. Allgemeines

Alternativ zur Räumungsklage steht es dem Bestandgeber offen, das Bestandverhältnis aufzukündigen. Die gerichtliche Aufkündigung stellt eine Kombination aus einer materiellrechtlichen Gestaltungserklärung und einem prozessualen Antrag dar.[76]

Die Kündigung ist die einseitige, rechtsgestaltende, empfangsbedürftige Willenserklärung, das Bestandverhältnis zu einem bestimmten, in der Zukunft liegenden Zeitpunkt unter Einhaltung einer bestimmten Frist aufzulösen.[77] Die Aufkündigung stellt zudem eine verfahrenseinleitende Prozesshandlung dar und beinhaltet einen prozessualen Antrag an das Gericht, dem Gegner einen Übergabe- oder Übernahmebefehl zu erlassen, den Bestandgegenstand zu dem festgelegten Termin zu räumen und zu übergeben oder gegen die Aufkündigung Einwendungen zu erheben.[78]

Fällt das Bestandverhältnis in den Anwendungsbereich des MRG, bedarf es eines wichtigen Grundes iSd § 30 MRG. Zu beachten ist, dass der Bestandgeber den Bestandvertrag nur gerichtlich kündigen kann (§ 33 Abs 1 MRG).

### 3.2.2.2. Kündigungsgründe im Überblick

Die Kündigungsgründe sind in § 30 Abs 2 MRG geregelt:

- qualifizierter Mietzinsrückstand (Z 1),
- Nichterbringung von Dienstleistungen (Z 2),
- erheblich nachteiliger Gebrauch, unleidliches Verfahren, strafbare Handlung (Z 3),
- Weitergabe des Mietgegenstands (Z 4),

---

75 OGH 21.11.1990, 2 Ob 624/90.

76 *Koller* in *Kodek/Oberhammer*, ZPO-ON § 561 ZPO (2023) Rz 4.

77 RIS-Justiz RS0020951; *Iby* in *Fasching/Konecny*³ IV/1 § 562 ZPO (2019) Rz 5.

78 *Koller* in *Kodek/Oberhammer*, ZPO-ON § 561 ZPO (2023) Rz 4.

- Tod des Wohnungsmieters (Z 5),
- Nichtbenützung der Wohnung (Z 6),
- nicht entsprechende Benutzung von Geschäftsräumlichkeiten (Z 7),
- Eigenbedarf des Vermieters ohne Ersatzbeschaffung (Z 8),
- Eigenbedarf des Vermieters mit Ersatzbeschaffung (Z 9),
- Bedarf für Betriebsangehörige (Z 10),
- Verwaltungsbedarf (Z 11),
- Kündigung von Untermietverhältnissen (Z 12),
- vereinbarter Kündigungsgrund (Z 13),
- Abbruchreife (Z 14),
- Interessenbescheid (Z 15),
- Verweigerung einer Standardanhebung (Z 16).

#### 3.2.2.2.1. Maßgebender Zeitpunkt

Für die Beurteilung des Vorliegens des Kündigungsgrundes kommt es grundsätzlich auf die Verhältnisse zum Zeitpunkt der Zustellung der Kündigung an; zu diesem Zeitpunkt müssen sämtliche Tatbestandsvoraussetzungen gegeben sein.[79]

Beachtet werden muss in diesem Zusammenhang, dass die Eventualmaxime gilt. Das bedeutet, dass im Kündigungsverfahren nur jene Kündigungsgründe geltend gemacht werden können, die bereits in der Aufkündigung angeführt wurden.[80] Eine nachträgliche Geltendmachung von Kündigungsgründen im laufenden Verfahren ist nicht zulässig.

Auf Umstände, die nach der Zustellung der Aufkündigung bis zum Abschluss der mündlichen Verhandlung erster Instanz eingetreten sind, ist ausnahmsweise nur dann Rücksicht zu nehmen, wenn dies im Interesse des Mieters erforderlich ist, um eine offensichtlich unbillige Entscheidung zu verhindern.[81] Insbesondere bei Kündigungsgründen wie dem Eigenbedarf oder solchen, die eine Zukunftsprognose erfordern, sind auch nach der Zustellung der Aufkündigung eingetretene Umstände zu berücksichtigen.[82]

---

79 RIS-Justiz RS0070282.

80 OGH 3 Ob 108/19g = Zak 2019/726 (*Kolmasch*).

81 RIS-Justiz RS0044892.

82 *Mini* in GeKo Wohnrecht I § 571 ZPO Rz 29 mwN.

#### 3.2.2.2.2. Teilkündigung

§ 31 Abs 1 MRG ermöglicht es dem Vermieter, den Mietvertrag bloß hinsichtlich einzelner Teile des Mietgegenstands aufzukündigen, wenn

- er oder ein Miteigentümer des Hauses, der wenigstens Eigentümer zur Hälfte ist, den Mietgegenstand für sich oder für Verwandte in gerader Linie dringend benötigt,
- der restliche Teil des Mietgegenstands abgesondert benutzbar ist oder ohne unverhältnismäßige Schwierigkeiten abgesondert benutzbar gemacht werden kann und
- der restliche Teil des Mietgegenstands zur Befriedigung des Wohnbedürfnisses des Mieters und der schon bisher mit ihm im gemeinsamen Haushalt darin wohnenden eintrittsberechtigten Personen oder zur Besorgung seiner Geschäfte ausreicht.

Sinngemäß gelten die oben genannten Voraussetzungen für mitvermietete, vom Vermieter dringend benötigte Einrichtungsgegenstände sowie Nebenräume oder -flächen wie beispielsweise Gärten, Hofflächen, Terrassen, Keller- und Dachbodenräume (§ 31 Abs 5 MRG).

### 3.2.2.3. Form und Inhalt der Aufkündigung

Die gerichtliche Aufkündigung kann nach § 562 ZPO mittels Schriftsatzes angebracht oder mündlich zu Protokoll gegeben werden. Im Folgenden soll der für die Aufkündigung notwendige (und fakultativer) Inhalt näher erläutert werden.

#### 3.2.2.3.1. Notwendiger Inhalt

Der Schriftsatz oder das Protokoll hat gemäß § 562 ZPO insbesondere zu enthalten:

- die Bezeichnung des Bestandgegenstandes,
- den Zeitpunkt, in welcher das Bestandverhältnis enden soll,
- den Antrag, dem Gegner aufzutragen, entweder den Bestandgegenstand zur bestimmten Zeit bei sonstiger Exekution zu übergeben oder zu übernehmen oder gegen die Aufkündigung Einwendungen zu erheben,
- die Angabe der Kündigungsgründe (im Anwendungsbereich des MRG).[83]

[83] *Koller* in *Kodek/Oberhammer*, ZPO-ON § 562 ZPO (2023) Rz 2.

Wird die Aufkündigung mittels Schriftsatzes eingebracht, hat dieser zudem den allgemeinen Erfordernissen eines Schriftsatzes nach § 75 ZPO zu genügen. Das bedeutet, dass die Parteien und ihre Vertreter zu bezeichnen sind und die Aufkündigung vom Kündigenden oder seinem Vertreter unterschrieben sein muss.[84] Außerdem empfiehlt es sich, das zuständige Gericht anzugeben.

#### 3.2.2.3.2. Fakultativer Inhalt

Auch wenn dies gesetzlich nicht gefordert wird, empfiehlt es sich, die Kündigungserklärung in die Aufkündigung mit aufzunehmen. Die Kündigungsfrist kann in der Aufkündigung angegeben werden, eine gesetzliche Anordnung gibt es nicht.[85]

**Bezeichnung des Bestandgegenstandes**
Die Aufkündigung stellt in ihrer prozessualen Funktion einen Exekutionstitel gemäß § 1 Z 4 EO dar. Vor diesem Hintergrund ist der zu räumende Bestandgegenstand in der Aufkündigung bestimmt zu bezeichnen. Es muss eindeutig hervorgehen, welche Teile einer Liegenschaft zu räumen sind, weil nur so das Vollstreckungsorgan in der Lage ist, die zu erzwingende Leistung dem Bewilligungsbeschluss zu entnehmen, ohne dass es weiterer Erhebungen oder Nachweise bedarf.[86]

Trotz der Formstrenge ist es grundsätzlich unschädlich, wenn in der Aufkündigung die Anzahl der vermieteten Räume nicht angegeben oder falsch angegeben wird, sofern aus dem Wortlaut eindeutig hervorgeht, dass der gesamte Mietgegenstand gekündigt werden soll. Nebenräume wie ein Kellerabteil sind automatisch von der Aufkündigung erfasst und müssen daher nicht gesondert erwähnt werden. Bestehen für den Kündigungsgegner keine Zweifel darüber, welches Objekt gekündigt wird, sind auch formale Fehler wie die Angabe einer falschen Hausnummer, die Bezeichnung „1. Stock" anstelle von „1. Stiege", das Fehlen der Türnummer oder die Nennung einer falschen Türnummer unbeachtlich.[87]

---

84 *Iby* in *Fasching/Konecny*³ IV/1 § 562 ZPO (2019) Rz 5.
85 *Mini* in *Böhm/Pletzer/Spruzina/Stabentheiner*, GeKo Wohnrecht I § 562 ZPO Rz 27.
86 RIS-Justiz RS0000769.
87 *Iby* in *Fasching/Konecny*³ IV/1 (2019) § 562 ZPO Rz 9.

**Kündigungstermin**
§ 562 Abs 1 ZPO bestimmt, dass in der Aufkündigung anzugeben ist, zu welchem Zeitpunkt der Bestandvertrag enden soll. Damit ist der Kündigungstermin gemeint.[88]

Die Angabe der Kündigungsfrist ist in der Aufkündigung hingegen nicht erforderlich.[89] Bei der Kündigungsfrist handelt es sich um die Zeitspanne, welche zwischen der Abgabe der Kündigungserklärung und der tatsächlichen Beendigung des Vertragsverhältnisses liegt.

Die einzuhaltenden Kündigungsfristen und -termine ergeben sich entweder aus der Parteienvereinbarung im Mietvertrag oder in Ermangelung einer solchen aus dem Gesetz. Vertragliche Termine und Fristen gehen in der Regel den gesetzlichen vor.

Die Aufkündigung muss gemäß § 563 ZPO vor Beginn der für den darin genannten Kündigungstermin einzuhaltenden Kündigungsfrist bei Gericht eingebracht werden.

Langt die Aufkündigung erst nach dem Beginn der Kündigungsfrist, die für den in der Aufkündigung genannten Kündigungstermin einzuhalten ist, bei Gericht ein, ist die Aufkündigung mit Beschluss zurückzuweisen.

Wie sich später noch zeigen wird, ist es für die Wirksamkeit der Kündigung zum in der Aufkündigung genannten Termin nicht nur erforderlich, dass diese vor Beginn der einzuhaltenden Kündigungsfrist dem Gericht zugestellt wird, sondern auch dem Kündigungsgegner (vgl § 563 Abs 2 ZPO).

Dabei ist die Dauer der nachstehenden „Verfahrensschritte" miteinzuberechnen:

- die Abfertigung der Aufkündigung an das Gericht,
- das Einlangen dieser bei Gericht,
- die Erlassung des Aufkündigungsbeschlusses und Verfügung der Zustellung an den Kündigungsgegner sowie
- die Zustellung an letzteren.

Wenn die Kündigung unter Berücksichtigung der Kündigungsfrist und des Kündigungstermins rechtzeitig bei Gericht eingereicht, jedoch dem Gegner

---

88 *Iby* in *Fasching/Konecny*[3] IV/1 (2019) § 562 ZPO Rz 8.

89 *Mini* in *Böhm/Pletzer/Spruzina/Stabentheiner*, GeKo Wohnrecht I § 562 ZPO Rz 27.

verspätet zugestellt wird und dieser den Einwand der Verspätung erhebt, kann das Gericht, sofern die Kündigung berechtigt ist, den Kündigungstermin im Urteil auf den nächstmöglichen zulässigen Termin festsetzen. Eine erneute Kündigungserklärung mit dem angepassten Kündigungstermin ist nicht erforderlich.[90]

**Kündigungsgründe**

Fällt der Bestandvertrag in den Anwendungsbereich des MRG, hat der Vermieter in der Aufkündigung die Kündigungsgründe kurz anzuführen.[91] Es genügt nach neuerer Rechtsprechung, den Sachverhalt in Schlagworten wiederzugeben bzw die Vorfälle demonstrativ aufzuzählen.[92] Die Angabe der Gesetzesstelle ist ausreichend, sofern diese nur einen Tatbestand enthält.[93] Sofern der gesetzliche Kündigungsgrund allerdings mehrere Tatbestände enthält wie zB der Kündigungsgrund des erheblich nachteiligen Gebrauchs (§ 30 Abs 2 Z 3 MRG), hat der Kündigende den konkreten Tatbestand zu nennen.[94] Erfolgt neben der ziffernmäßigen Bezeichnung auch ein Tatsachenvorbringen, ist für die Beurteilung des Kündigungsgrundes das Vorbringen entscheidend.[95]

**Kündigungserklärung**

Die gerichtliche Aufkündigung stellt aufgrund der Abwicklung durch das Gericht eine besondere Form eines Kündigungsschreibens dar, weshalb der Kündigungserklärung wesentliche Bedeutung zukommt. Sie wird zwar nicht explizit vom Gesetz gefordert, dennoch empfiehlt es sich, folgende Passage in die Aufkündigung mit aufzunehmen:

## MUSTERFORMULIERUNG KÜNDIGUNGSERKLÄRUNG

Hiermit kündigt die kündigende Partei ausdrücklich das zwischen ihr und der gekündigten Partei bestehende Bestandverhältnis über den unter Punkt *[...]* bezeichneten Bestandgegenstand mit Wirkung zum *[Datum]* auf.

---

90 OGH 3 Ob 177/23k = Zak 2024/55 (*Kolmasch*).

91 *Iby* in *Fasching/Konecny*³ IV/1 (2019) § 562 ZPO Rz 31.

92 1 Ob 58/15h MietSlg 67.391.

93 RIS-Justiz RS0069069.

94 7 Ob 70/07f MietSlg 59.336.

95 *Lovrek* in *Böhm/Pletzer/Spruzina/Stabentheiner*, GeKO Wohnrecht I § 33 MRG Rz 27 mwN.

**Antrag**

Die gerichtliche Kündigung des Vermieters hat gemäß § 562 ZPO weiters den Antrag an das Gericht zu enthalten, dem Gekündigten mittels Beschlusses aufzutragen, entweder den Bestandgegenstand zum Kündigungstermin zu übergeben oder gegen die Aufkündigung Einwendungen zu erheben.

Der Antrag kann allerdings entfallen, wenn der Vermieter den Bestandgegenstand bereits innehat.

**ANTRAG**

Dem Kündigungsgegner wird aufgetragen, dieser Aufkündigung bei sonstiger Exekution rechtzeitig Folge zu leisten oder gegen die Aufkündigung längstens binnen vier Wochen nach Zustellung dieses Beschlusses mündlich oder schriftlich bei diesem Gericht Einwendungen zu erheben. Nach Ablauf dieser Frist angebrachte Einwendungen werden von Amts wegen zurückgewiesen werden.

Dieser Beschluss ist auch gegen den Kündigenden vollstreckbar.[96]

## 3.3. Alternative zu einem Verfahren

### 3.3.1. Übergabe- und Übernahmeauftrag

#### 3.3.1.1. Allgemeines

Bei Bestandverträgen, die nach Zeitablauf enden, kann jede Vertragspartei vor Ablauf der vereinbarten Vertragsdauer eine gerichtliche Verfügung beantragen, mittels welcher dem Gegner aufgetragen wird, den Bestandgegenstand zum Zeitpunkt des vereinbarten Vertragsendes bei sonstiger Exekution zu übergeben oder zu übernehmen oder binnen vier Wochen gegen diesen Auftrag Einwendungen bei Gericht zu erheben (§ 567 Abs 1 ZPO).

§ 567 ABGB räumt den Vertragsparteien die Möglichkeit ein, einen zum Zeitpunkt der Beendigung des Vertragsverhältnisses wirksamen Exekutionstitel zur Durchsetzung der Übergabe bzw Übernahme des Bestandgegenstands zu erwirken.[97]

---

[96] *Ziehensack*, Schriftsätze für Rechtsanwälte – Band 1 – Streitiges Gerichtsverfahren (2. Lfg 2006) BestandR 1 – Gerichtliche Aufkündigung als Vermieter Rz 16.

[97] 1 Ob 127/06 t MietSlg 59.695 = immolex 2007/83.

Neben der Durchsetzung der vertraglich festgelegten Befristung besteht die wesentliche Funktion des Übergabeauftrags darin, eine stillschweigende Verlängerung des Vertrags gemäß § 1114 Satz 2 ABGB zu verhindern. Durch die rechtzeitige Stellung eines Antrags seitens des Bestandgebers wird die in § 1114 ABGB normierte Rechtsvermutung widerlegt.[98]

#### 3.3.1.2. Verfahren

##### 3.3.1.2.1. Antrag

**Antragslegitimation**

§ 567 Abs 1 ZPO normiert, dass „jede Partei" den gerichtlichen Antrag stellen kann. Daraus ergibt sich, dass als Antragsteller sowohl der Bestandgeber als auch der Bestandnehmer in Betracht kommt.

**Rechtzeitigkeit**

Unabhängig davon, von welcher Vertragspartei der Übergabe- bzw Übernahmeauftrag erhoben wird, muss der Antrag vor Ablauf der vereinbarten Vertragsdauer gestellt werden. Nach Ablauf der Vertragslaufzeit ist der Antrag nicht mehr zulässig und wäre dieser zurückzuweisen.[99]

Beträgt die Laufzeit des Bestandverhältnisses mehr als sechs Monate, ist dieser Antrag frühestens sechs Monate vor Vertragsablauf einzubringen (§ 567 Abs 1 ZPO).

Die Rechtzeitigkeit ist gewahrt, wenn er vor Ablauf des Bestandverhältnisses, also zumindest am letzten Tag der aufrechten Vertragslaufzeit, bei Gericht einlangt. Es kommt nicht auf den Zeitpunkt der Erlassung des gerichtlichen Auftrags oder auf dessen Zustellung beim Gegner an.[100]

**Form und Inhalt**

Der Übernahme- bzw Übergabeauftrag kann mittels Schriftsatzes eingebracht oder beim Gericht mündlich zu Protokoll gegeben werden (§ 434 ZPO).

Für den Antrag gelten dieselben allgemeinen Anforderungen wie für einen Schriftsatz (vgl § 75 ZPO). Insbesondere sind die Parteien und ihre Vertreter

---

[98] *Iby in Fasching/Konecny*² § 567 ZPO Rz 2.

[99] *Iby* in *Fasching/Konecny*² § 567 ZPO Rz 8 mwN.

[100] LGZ Wien 38 R 211/03s MIetSlg 55.775.

zu bezeichnen und ist der Antrag durch den Antragsteller oder dessen Vertreter zu unterfertigen. Weiters muss er den Antrag enthalten, dass dem Antragsgegner aufgetragen werden soll, den Bestandsgegenstand, welcher genau zu bezeichnen ist, zu einem bestimmten Zeitpunkt zu übergeben bzw zu übernehmen oder innerhalb von vier Wochen Einwendungen zu erheben. Die zusätzlichen inhaltlichen Erfordernisse, die für eine Aufkündigung gefordert sind, gelten hingegen nicht.[101]

## MUSTERBEISPIEL FÜR EINEN ÜBERGABEAUFTRAG

Zwischen den Parteien besteht der Mietvertrag vom 1.4.2022 über die im 3. Obergeschoß des Hauses 1010 Wien, Bäckerstraße 3, gelegene Wohnung Top 33 mit 60 m$^2$ („Mietobjekt“). Das Mietverhältnis wurde befristet geschlossen und endet nach Zeitablauf am 31.3.2025.

Der Antragsgegner hat gegenüber dem Antragsteller angekündigt, das Mietobjekt nicht zum Ende der Vertragslaufzeit zurückstellen zu wollen.

Das Mietobjekt liegt im Sprengel des angerufenen Gerichtes (§§ 49 Abs 2 Z. 5, 83 JN).

Beweis:

- → Mietvertrag vom 1.4.2022 (Beilage ./A)
- → Lageplan Mietobjekt (Beilage ./B)
- → Grundbuchsauszug (Beilage ./C)
- → PV

Aus den obigen Gründen beantragt der Antragsteller nachstehenden

**Beschluss**

Dem Antragsgegner wird aufgetragen, die im 3. Obergeschoß des Hauses in 1010 Wien, Bäckerstraße 3, gelegene Wohnung Top 33 gemäß dem einen integrierten Bestandteil des Urteils bildenden Lageplan (Beilage ./A) bis längstens 31.3.2025 zu räumen und dem Antragsteller geräumt zu übergeben oder binnen vier Wochen nach Zustellung dieses Beschlusses Einwendungen zu erheben.

---

101 *Iby* in *Fasching/Konecny*$^2$ § 567 ZPO Rz 4.

### 3.3.1.2.2. Entscheidung des Gerichts

Kommt das Gericht zum Ergebnis, dass die Voraussetzungen gegeben sind, erlässt es den Übergabe- bzw Übernahmeauftrag. Der Beschluss ist gemäß § 567 Abs 3 iVm § 564 ZPO gemeinsam mit dem verfahrenseinleitenden Schriftsatz oder der Protokollabschrift unverzüglich dem Gegner zuzustellen.

Erhebt der Gegner gegen den Auftrag keine Einwendungen, stellt der Auftrag einen Exekutionstitel gemäß § 1 Z 4 EO dar.

### 3.3.1.2.3. Einwendungen

Der Gegner hat die Möglichkeit, gegen den vom Gericht erlassenen Auftrag binnen vier Wochen Einwendungen zu erheben (§ 567 Abs 1 ZPO). Wie bei der Kündigung (siehe 3.2.2.) ist gegen den Auftrag ein gesondertes Rechtsmittel gemäß § 575 ZPO nicht zulässig; mit Ausnahme des Kostenrekurses gegen eine im Beschluss enthaltene Kostenentscheidung.

Werden rechtzeitig Einwendungen erhoben, ist gemäß § 571 Abs 1 ZPO eine vorbereitende Tagsatzung anzuberaumen. Zum Ablauf des Verfahrens siehe 3.4.

### 3.3.1.2.4. Kosten

Hinsichtlich der im Zusammenhang mit dem Übergabe- bzw Übernahmeauftrag verbundenen Pauschalgebühr und der Bemessungsgrundlage der Gerichtsgebühren sowie der Rechtsanwaltskosten im Allgemeinen wird auf das Kapitel 3.1. Vorbereitung des Verfahrens verwiesen.

Ein Kostenersatz für den Antrag auf Erlassung eines Übergabeauftrags, gegen den keine Einwendungen erhoben werden, steht nach Ansicht des LG St. Pölten und des LGZ Wien nicht zu. Auch *Mini* und *Iby* verneinen einen Kostenersatzanspruch mit der Begründung, dass ein Übergabeauftrag, der vom Vermieter vor Ablauf des befristeten Mietverhältnisses beantragt wird, nicht vom Mieter veranlasst wird. Stellt der Mieter das Mietobjekt bei Beendigung des Vertragsverhältnisses nicht zurück, hat der Vermieter die Möglichkeit, die Räumung mittels Räumungsklage durchzusetzen.[102]

---

[102] 21 R 40/08 b LG St. Pölten; LGZ Wien 41 R 249/96s MietSlg 48.588; *Iby in Fasching/Konecny*[2] § 567 ZPO Rz 4; *Mini*, Kündigungs- und Räumungsverfahren[2] (2018) Rz 218.

### 3.3.2. Prätorischer Vergleich

#### 3.3.2.1. Allgemeines

Der prätorische Vergleich verfolgt das Ziel einer vereinfachten Streitbeilegung. Durch den Abschluss eines prätorischen Vergleichs wird ermöglicht, einen streitig gewordenen Anspruch bereits vor Einbringung der Klage zu erledigen.[103] Der prätorische Vergleich stellt ebenfalls einen Exekutionstitel dar (vgl § 1 Z 5 EO).[104]

In der Praxis spielt der prätorische Vergleich vor allem bei Räumungsvergleichen und Klagen im Zusammenhang mit dem Entzug von Licht und Luft nach § 364 Abs 3 ABGB eine bedeutende Rolle.[105]

#### 3.3.2.2. Voraussetzungen

- Die Streitigkeit muss bereits entstanden sein und
- die gerichtliche Klärung der Streitigkeit muss ernsthaft erwogen werden.[106]

Demjenigen, der nicht beabsichtigt eine Klage zu erheben, etwa weil er sich mit dem Gegner schon außergerichtlich geeinigt hat, bleibt die Möglichkeit des Abschlusses eines vollstreckbaren Notariatsaktes (zum vollstreckbaren Notariatsakt siehe 3.3.3.). Wurde der Vergleich vom Richter dennoch protokolliert, führt dies allerdings nicht zu dessen Unwirksamkeit.[107]

#### 3.3.2.3. Vorteile

- Für den Abschluss des prätorischen Vergleichs besteht keine Anwaltspflicht und zwar auch dann nicht, wenn die Rechtssache die Zuständigkeit des Gerichtshofs begründen würde.[108]
- Die Gerichtsgebühr beträgt die Hälfte der sonst nach TP 1 zu entrichtenden Gebühr und ist in der Regel niedriger als die im Zusammenhang mit dem Abschluss eines außergerichtlichen Vergleichs verbundene Rechtsge-

[103] *Kodek* in *Fasching/Konecny*[2] § 433 ZPO Rz 1.
[104] *Kodek* in *Fasching/Konecny*[2] § 433 ZPO Rz 1/1.
[105] *Kodek* in *Fasching/Konecny*[3] § 433 ZPO Rz 3.
[106] *Kodek* in *Fasching/Konecny*[3] § 433 ZPO Rz 5.
[107] *Fucik* in *Rechberger/Klicka* (Hrsg), Kommentar zur ZPO[5] (2019) zu § 433 ZPO Rz 6.
[108] RIS-Justiz RS0035609.

schäftsgebühr. Unabhängig von einer im Innenverhältnis getroffenen Vereinbarung sind beide Parteien Gebührenschuldner.[109]

#### 3.3.2.4. Unwirksamkeit des Räumungsvergleichs

##### 3.3.2.4.1. Mieterschutz des MRG

Ein Räumungsvergleich darf zwingende mietrechtliche Vorschriften wie etwa die Kündigungsbeschränkungen[110] oder das Befristungsrecht des MRG[111] nicht umgehen. Andernfalls ist der Vergleich unwirksam. Steht der Mieter beim Abschluss eines Räumungsvergleichs objektiv unter Druck, handelt es sich ebenfalls um ein nichtiges Umgehungsgeschäft. Dies wird insbesondere dann angenommen, wenn der Vergleich vor oder gleichzeitig mit der Unterzeichnung des Mietvertrags abgeschlossen wird.[112]

##### 3.3.2.4.2. Geltendmachung

Die Unwirksamkeit eines geschlossenen Räumungsvergleichs kann sowohl vor Einleitung der Exekution als auch danach durch Klage auf Feststellung der Unwirksamkeit geltend gemacht werden. Wurde die Klage erst nach Einleitung der Exekution erhoben, besteht die Möglichkeit, einen Aufschub der Räumungsexekution nach § 42 EO zu beantragen.[113]

### 3.3.3. Vollstreckbarer Notariatsakt

#### 3.3.3.1. Allgemeines

Der vollstreckbare Notariatsakt ist insofern dem gerichtlichen Vergleich ähnlich als es sich um einen privatautonomen Rechtsgestaltungsakt handelt, welcher unter der „Aufsicht“ einer mit besonderer Autorität bzw Solennität ausgestatteten Institution/Person geschlossen wird.[114]

---

109 *Kodek* in *Fasching/Konecny*³ § 433 ZPO Rz 22.

110 RIS-Justiz RS0070116.

111 RIS-Justiz RS0108111; RS0070059.

112 *Heidinger* in *Schwimann/Kodek (*Hrsg), ABGB Praxiskommentar⁴ (2016) § 1380 Rz 11.

113 *Vonkilch* in *Hausmann/Vonkilch*, Wohnrecht³ § 29 MRG Rz 66.

114 *Trenker*, Der vollstreckbare Notariatsakt als Alternative zur einvernehmlichen Streitbeilegung, NZ 2021/191.

Der vollstreckbare Notariatsakt stellt einen Exekutionstitel iSd § 1 Z 17 EO dar.

#### 3.3.3.2. Voraussetzung

Ein Notariatsakt ist gemäß § 3 Notariatsaktordnung (NO) exekutionsfähig, wenn folgende Voraussetzungen erfüllt sind:

- Er enthält die Feststellung einer Verpflichtung zu einer Leistung oder Unterlassung (lit a),
- die geschuldete Leistung inklusive des Rechtstitels ist eindeutig bestimmt (lit b),
- die Verpflichtung ist einer vergleichsweisen Einigung zugänglich (lit c) und
- der Verpflichtete erklärt sich mit der sofortigen Vollstreckbarkeit einverstanden (sog „Vollstreckungsunterwerfung“) (lit d).

**PRAXISTIPP**

Bei vollstreckbaren Notariatsakten ist es ratsam, den Hintergrund der jeweiligen Verpflichtungen im Notariatsakt ausführlich darzulegen und zu dokumentieren. Dies gilt insbesondere für Sachleistungen sowie für Duldungs- oder Unterlassungspflichten. Eine solche Beschreibung kann – ähnlich wie die Entscheidungsgründe bei gerichtlichen Urteilen, die zur Auslegung des Spruchs herangezogen werden – entscheidend dafür sein, dass der Notariatsakt als Exekutionstitel hinreichend bestimmt ist.

#### 3.3.3.3. Einschränkungen iZm Räumungsverpflichtungen

Der vollstreckbare Notariatsakt kann zur Absicherung einer Räumungsverpflichtung eingesetzt werden, wobei gewisse Beschränkungen zu beachten sind.

§ 3 lit a NO legt ausdrücklich fest, dass die Verpflichtung zur Räumung einer Wohnung oder einzelner Wohnungsbestandteile nicht vollstreckbar ist, sofern die Räumung nicht durch den Eigentümer oder den Miteigentümer der Liegenschaft erfolgen soll. Zweck dieser Bestimmung dürfte gewesen sein, Umgehungen des Mieterschutzes zu vermeiden.[115]

---

[115] *Spath* in *Murko/Nunner-Krautgasser* (Hrsg), Anwaltliches und notarielles Berufsrecht (2022) Rz 7 zu §§ 3–4 NO Rz 7 mwN.

Nachstehende Fälle einer vollstreckbaren Räumungsverpflichtung sind möglich:

- Die Räumungsverpflichtung bezieht sich auf Bestandobjekte, die weder Wohnungen noch Wohnungsbestandteile sind (zB Geschäftsräume, Lagerräume, Garagen, Gärten) oder
- die Räumungsverpflichtung wird vom Eigentümer oder Miteigentümer einer Liegenschaft eingegangen.

### 3.3.4. Verbot der Selbsthilfe

#### 3.3.4.1. Einleitung

Das österreichische Rechtssystem basiert auf dem Grundsatz, dass zum Schutz und zur Durchsetzung von Rechten behördliche Hilfe in Anspruch genommen werden muss.[116]

Eigenmächtige Maßnahmen, sog Selbsthilfe im weiteren Sinn, sind nur subsidiär und in Ausnahmefällen zulässig. Es wird dabei zwischen Notwehr, Nothilfe, Notstand sowie der Selbsthilfe im engeren Sinn unterschieden.[117]

#### 3.3.4.2. Selbsthilfe im engeren Sinn

Selbsthilfe im engeren Sinn bezeichnet die gesetzlich erlaubte Eigenmacht zur Sicherung, Durchsetzung oder Wiederherstellung eines gefährdeten eigenen Rechts.[118] Voraussetzung ist, dass staatliche Hilfe zu spät käme und die Grenzen der Notwehr nicht überschritten werden. Das ist etwa dann der Fall, wenn die Behörde nicht erreichbar oder funktionsfähig ist oder aber auch, wenn sie sich weigert einzuschreiten. Selbst wenn behördliche Hilfe nicht zu spät käme, ist nicht automatisch jeder Akt der Selbsthilfe erlaubt. Selbsthilfe muss sich nämlich innerhalb der ihr gebotenen Grenzen bewegen. Es ist eine Interessenabwägung vorzunehmen, bei der insbesondere der durch das Unterbleiben

---

116 *Koch* in *Bydlinski/Perner/Spitzer* (Hrsg), Kommentar zum ABGB[7] (2023) zu § 19 ABGB Rz 1

117 *Kronthaler* in *Schwimann/Neumayr* (Hrsg), ABGB Taschenkommentar[6] (2023) § 19 ABGB Rz 1; OGH 10 Ob 34/17y.

118 *Kronthaler* in *Schwimann/Neumayr* (Hrsg), ABGB Taschenkommentar[6] (2023) § 19 ABGB Rz 1.

der Selbsthilfe zu erwartende Nachteil und die durch die Selbsthilfe geschehene Güterbeeinträchtigung gegenüberzustellen sind.[119]

Wer sich auf Selbsthilfe beruft, den trifft die Beweislast, dass sein Handeln rechtmäßig war.[120]

#### 3.3.4.3. Fälle aus der Praxis

**Selbsthilfe**

- Anhalten eines Schwarzfahrers durch ein Kontrollorgan eines Massenbeförderungsunternehmens;[121]
- eigenmächtiger Abtransport der Fahrnisse des Mieters durch den Eigentümer der Liegenschaft bei nicht fristgerechter Befolgung des Demolierungs- und Räumungsauftrages, vorausgesetzt dem Liegenschaftseigentümer drohen schwerwiegende Nachteile bei Nichtbefolgung.[122] Das Vorliegen eines verwaltungsbehördlichen Abbruchauftrages allein begründet aber noch keine derartigen schwerwiegenden Nachteile.[123]

**Keine Selbsthilfe**

- Die eigenmächtige Räumung des Bestandobjekts durch den Bestandgeber, wenn sie allein dazu dient, den durch den Räumungsverzug entstandenen rechtswidrigen Zustand zu beseitigen;[124]
- die Rückstellungspflicht des Bestandnehmers muss im Allgemeinen im Wege der Exekution durchgesetzt werden.[125]

**Fazit**

Die eigenmächtige Räumung des Bestandobjekts durch den Bestandgeber stellt in der Regel einen Akt der verbotenen Selbsthilfe dar (siehe 3.3.4.3.). Verfolgt ein Vermieter das Ziel, das Mietobjekt zu räumen, darf er also nicht eigenmächtig die Schlösser der Wohnungstür zum Mietobjekt austauschen oder

---

[119] OGH 10 Ob 34/17y mwN.
[120] RIS-Justiz RS0009034.
[121] RIS-Justiz RS0122592.
[122] RIS-Justiz RS0009071.
[123] 3 Ob 255/08 h immolex 2009/114.
[124] RIS-Justiz RS0009069.
[125] 2 Ob 2176/96.

seinem Mieter anderweitig den Zugang verwehren, selbst dann nicht, wenn ein Mietzinsrückstand besteht.

## 3.4. Verfahrensablauf

### 3.4.1. Einleitung des Verfahrens

Der Beginn des Verfahrens unterscheidet sich zunächst bei der Räumungsklage (§ 1118 ABGB) und der Aufkündigung (§ 30 MRG).

#### 3.4.1.1. Räumungsverfahren

Das Räumungsverfahren infolge eines in § 1118 ABGB normierten Auflösungsgrundes wird durch Klage eingeleitet, die sog Räumungsklage. Das Gericht verfügt die Zustellung der Räumungsklage samt Ladung zur vorbereitenden Tagsatzung bzw zur eingeschränkten vorbereitenden Tagsatzung an die beklagte Partei, vorausgesetzt es liegen keine Gründe für eine Zurückweisung vor (zur vorbereitenden Tagsatzung siehe 3.4.4.).

#### 3.4.1.2. Kündigungsverfahren

##### 3.4.1.2.1. Aufkündigung

Die Aufkündigung stellt einen prozessualen Antrag an das Gericht dar, dem Gegner einen Übergabe- oder Übernahmebefehl zu erlassen, den Bestandgegenstand zu dem festgelegten Termin zu räumen und zu übergeben oder gegen die Aufkündigung Einwendungen zu erheben.

Zum konkreten Inhalt der Aufkündigung siehe 3.2.2.3.

##### 3.4.1.2.2. Aufkündigungsbeschluss

Soweit keine Gründe für eine Zurückweisung der Aufkündigung vorliegen, erlässt das Gericht auf Grund der gerichtlichen Kündigung den entsprechend bedingten Aufkündigungsbeschluss. Mit diesem Beschluss trägt das Gericht dem Gekündigten auf, entweder den Bestandgegenstand zur bestimmten Zeit bei sonstiger Exekution zu übergeben oder gegen die Aufkündigung binnen vier Wochen Einwendungen bei Gericht zu erheben.

#### 3.4.1.2.3. Einwendungen

Die gekündigte Partei hat die Möglichkeit, gegen den Aufkündigungsbeschluss Einwendungen zu erheben. Darüber hinaus ist – abgesehen von der Möglichkeit, gegen die Kostenentscheidung Rekurs zu erheben – nach § 575 Abs 1 ZPO kein gesondertes Rechtsmittel zulässig.

Vorbehaltlich der Erhebung von Einwendungen ist nach § 575 Abs 1 ZPO gegen den gerichtlichen Aufkündigungsbeschluss kein gesondertes Rechtsmittel zulässig. Der Kostenrekurs ist binnen 14 Tagen ab Zustellung des Aufkündigungsbeschlusses bei Gericht einzubringen.

**Exekutionstitel**

Erhebt der Kündigungsgegner gegen den Aufkündigungsbeschluss nicht innerhalb der vierwöchigen Frist Einwendungen, wird die Aufkündigung zum geltend gemachten Kündigungstermin wirksam. Sie bildet dann sogleich einen Exekutionstitel gemäß § 1 Z 4 EO.[126]

**Legitimation**

Zur Erhebung von Einwendungen berechtigt ist derjenige, gegen den sich die Kündigung richtet. Wird die Kündigung gegen mehrere Personen erhoben, bilden diese eine einheitliche Streitpartei. Das hat zur Folge, dass die von einer Person erhobenen Einwendungen auch zugunsten der anderen Streitgenossen wirkt.[127]

**Frist**

Die Frist zur Erhebung von Einwendungen beträgt vier Wochen (§ 562 Abs 1 letzter Satz ZPO). Sie beginnt mit ordnungsgemäßer Zustellung des Aufkündigungsbeschlusses beim Kündigungsgegner zu laufen.[128]

Stellt der Kündigungsgegner innerhalb der Einwendungsfrist einen Antrag auf Verfahrenshilfe einschließlich der Beigebung eines Rechtsanwalts, wird der Lauf der Einwendungsfrist gemäß den Bestimmungen des § 73 Abs 2 ZPO unterbrochen.[129]

---

[126] *Weixelbraun* in *Fasching/Konecny*$^3$ IV/1 (2019) § 571 ZPO Rz 3.

[127] *Mini* in *GeKo* Wohnrecht I § 571 ZPO Rz 4 mwN.

[128] *Mini* in *GeKo* Wohnrecht I § 571 ZPO Rz 6 mwN.

[129] *Iby* in *Fasching/Konecny*$^3$ IV/1 § 562 ZPO (2019) Rz 55.

Wurden die Einwendungen verspätet eingebracht, sind diese von Amts wegen vom Gericht mit Beschluss zurückzuweisen (§ 571 Abs 3 ZPO).

Wurden die Einwendungen rechtzeitig erhoben, hat das Gericht gemäß § 571 Abs 1 ZPO die vorbereitende Tagsatzung anzuberaumen (siehe 3.4.4.).

**Form**

Die Erhebung von Einwendungen ist an keine bestimmte Form gebunden, die Einwendungen können entweder schriftlich bei Gericht eingebracht oder auch mündlich zu Protokoll gegeben werden.[130]

Werden sie schriftlich erhoben, dann sind die Formerfordernisse des § 75 ZPO zu beachten.[131]

**Inhalt**

„Leere" Einwendungen werden als ausreichend angesehen. Es genügt daher die bloße Erklärung, Einwendungen gegen die Aufkündigung zu erheben.[132] Die Einwendungen müssen auch als solche nicht bezeichnet werden. Im Schriftsatz des Kündigungsgegners muss lediglich zum Ausdruck gebracht werden, dass er die Aufkündigung nicht akzeptiert.[133]

**Zurücknahme von Einwendungen**

Die Zurücknahme von Einwendungen ist ohne Zustimmung der kündigenden Partei zulässig. Es gelten die Bestimmungen des § 484 ZPO über die Zurücknahme der Berufung sinngemäß. Durch die Zurücknahme der Einwendungen wird die Aufkündigung wirksam und rechtskräftig. Einmal zurückgenommene Einwendungen können nicht erneut vorgebracht werden. Der Kündigungsgegner ist zum Kostenersatz verpflichtet.[134]

---

130 LGZ Wien 41 R 263/71 MietSlg 23.688; *Mini* in *GeKo* Wohnrecht I § 571 ZPO Rz 4.

131 *Iby* in *Fasching/Konecny*³ IV/1 (2019) § 564 ZPO Rz 8.

132 *Iby* in *Fasching/Konecny*³ IV/1 (2019) § 564 ZPO Rz 9; *Frauenberger in Rechberger/Klicka*, Kommentar zur ZPO⁵ (2019) Rz 3.

133 *Iby* in *Fasching/Konecny*³ IV/1 (2019) § 564 ZPO Rz 10.

134 *Weixelbraun* in *Fasching/Konecny*³ IV/1 (2019) § 571 ZPO Rz 22.

### 3.4.1.3. Zurücknahme der Aufkündigung

**Zeitpunkt der Zurücknahme**

Nach ständiger Rechtsprechung ist eine Zurücknahme der Aufkündigung lediglich vor Zustellung des Kündigungsbeschlusses an den Kündigungsgegner oder nachdem der Kündigungsgegner Einwendungen gegen die Aufkündigung erhoben hat, möglich, nicht aber dazwischen.[135] Begründet wird dies damit, dass die Aufkündigung nicht nur ein verfahrenseinleitender Schriftsatz ist, der dem Aufkündigenden letztlich einen Exekutionstitel verschaffen soll, sondern zugleich eine Willenserklärung darstellt, das Bestandverhältnis zu beenden. Bleibt die Aufkündigung unwidersprochen, führt sie zur Beendigung des Mietverhältnisses.[136]

Nach der Erhebung von Einwendungen durch den Kündigungsgegner kann die Aufkündigung in analoger Anwendung des § 237 ZPO zurückgenommen werden, sodass diese der Zustimmung durch den Kündigungsgegner bedarf, sofern sie nicht unter Anspruchsverzicht erfolgt.[137]

Wird die Aufkündigung zurückgenommen noch bevor sie dem Kündigungsgegner zugestellt wurde, ist eine Zustimmung durch diesen nicht erforderlich, selbst wenn die kündigende Partei auf ihren Anspruch nicht verzichtet hat.

**Wirkung der Zurücknahme**

Im Anwendungsbereich des MRG führt die Rücknahme der Kündigung durch den Vermieter nicht zur Beendigung des Mietverhältnisses, da eine Kündigung gemäß § 33 Abs 1 MRG nur gerichtlich erfolgen kann. Außerhalb des MRG bleibt hingegen die materielle Rechtswirkung einer gerichtlichen Kündigung nach herrschender Ansicht trotz Rücknahme bestehen. In diesem Fall kann sich der Kündigungsgegner auf die Beendigung des Mietverhältnisses berufen, jedoch nicht auf einen Exekutionstitel.

---

135 LGZ Wien MietSlg 47.705; LGZ Wien MietSlg 55.776; LGZ Wien MietSlg 60.795; *Mini* in GeKo Wohnrecht I § 562 Rz 69, § 571 Rz 35 ff).

136 RIS-Justiz RS0039677; *Weixelbraun* in *Fasching/Konecny*³ IV/1 (2019) § 571 ZPO Rz 7.

137 *Kulhanek* in *Höllwerth/Ziehensack* (Hrsg), ZPO_Praxiskommentar (2019) § 571 ZPO Rz 17 mwN.

### 3.4.2. Benachrichtigung der Gemeinde

§ 33a MRG sieht vor, dass, sobald gegen einen Mieter ein auf die Erwirkung eines Exekutionstitels auf Räumung von Wohnräumen abzielendes Verfahren eingeleitet oder mit einem Mieter von Wohnräumen ein Räumungsvergleich abgeschlossen wird, das Gericht davon die Gemeinde zu benachrichtigen hat, sofern sich der Mieter nicht dagegen ausspricht.

Wenn daher gegen einen Mieter eine Aufkündigung, ein Übergabeauftrag oder eine Räumungsklage eingebracht oder ein Räumungsvergleich geschlossen wurde, ist das Gericht verpflichtet, die Gemeinde, in der sich die betreffenden Wohnräume befinden, über die Einleitung des Verfahrens oder den Abschluss eines Räumungsvergleichs zu informieren. Aus datenschutzrechtlichen Gründen besteht diese Verpflichtung jedoch nur, wenn der Mieter der Benachrichtigung nicht widerspricht. Die Gemeinde kann gemäß § 33a Satz 2 MRG soziale Institutionen von der Verfahrenseinleitung oder dem Vergleichsabschluss informieren, weil in der Praxis häufig nicht die Gemeinden selbst, sondern solche Institutionen konkrete Maßnahmen zur Delogierungsprävention ergreifen.[138]

### 3.4.3. Zustellmängel

#### 3.4.3.1. Allgemeines

Es kann vorkommen, dass der Bestandnehmer nicht mehr in der zu räumenden Wohnung aufhältig ist und dem Bestandgeber keine zustellfähige Adresse von ihm bekannt ist. Dies hat zur Konsequenz, dass Postzustellungen nicht vorgenommen werden können.

#### 3.4.3.2. Abwesenheitskurator

In diesem Fall hat der Bestandgeber die Möglichkeit, im Gerichtsverfahren die Bestellung eines Abwesenheitskurators nach § 277 ABGB zu beantragen.

Ein Abwesenheitskurator ist eine Person, die bestellt wird, um die Interessen einer bekannten, jedoch abwesenden Person zu vertreten. Dies ist erfor-

[138] *Lovrek* in GeKo Wohnrecht I § 33a MRG (2017) Rz 2.

derlich, wenn die betreffende Person ihre Angelegenheiten nicht selbst besorgen kann, bislang nicht bereits vertreten ist und ihre Interessen dadurch gefährdet wären (§ 277 Abs 1 Z 3 ABGB).

Ein Dritter hat gemäß Absatz 3 nur dann Anspruch darauf, dass für eine andere Person ein Kurator bestellt wird, wenn er andernfalls daran gehindert wäre, seine Rechte aus einem Rechtsverhältnis mit dieser Person durchzusetzen. Voraussetzung ist, dass die betroffene Person entweder abwesend oder unbekannt ist und dies die Durchsetzung der Rechte verhindert. Entscheidend ist, dass die Rechtsdurchsetzung ohne die Bestellung eines Kurators aufgrund der Abwesenheit oder Unbekanntheit der betroffenen Person unmöglich ist. Der Dritte ist verpflichtet, zumutbare, aber nicht übermäßig aufwendige Nachforschungen über den Aufenthaltsort der abwesenden Person anzustellen. Zudem muss ein berechtigtes Interesse des Dritten vorliegen, welches in der Regel in der Wahrung oder Durchsetzung seiner Rechte besteht.[139] Die Bestellung eines Kurators für eine abwesende Person im Interesse Dritter ist etwa bei unbekanntem Aufenthalt des Mieters gegeben, um die Mietvertragsaufhebung erklären zu können.[140]

Die Bestellung eines Abwesenheitskurators nach § 116 ZPO ist im Übrigen für die Zustellung einer Räumungsklage nach § 1118 ABGB, in welcher die Auflösung des Bestandverhältnisses erklärt wird, nicht ausreichend, denn der Wirkungsbereich des prozessrechtlichen Abwesenheitskurators ist auf das konkrete Verfahren beschränkt, für das er bestellt wurde. Die Bestellung eines prozessrechtlichen Abwesenheitskurators nach § 116 ZPO ist nicht möglich, wenn privatrechtliche Vertretungshandlungen des Empfängers notwendig sind. Dem Kurator nach § 116 ZPO ist es untersagt, die Erklärung der Aufhebung des Bestandvertrags für den abwesenden Bestandnehmer oder etwa Mahnungen im Räumungsverfahren entgegenzunehmen.[141]

---

[139] *Stefula* in *Bydlinski/Perner/Spitzer* (Hrsg), Kommentar zum ABGB[7] (2023) zu § 277 ABGB Rz 12 mwN.

[140] OGH 9 Ob 16/10h.

[141] *G. Schima* in *Kodek/Oberhammer*, ZPO-ON § 116 ZPO (2023) Rz 8; OGH 9 Ob 16/10 h; RIS-Justiz RS0021322.

### 3.4.4. Die vorbereitende Tagsatzung und mögliche Ergebnisse

Die Ergebnisse der (eingeschränkten) vorbereitenden Tagsatzung können wie folgt sein:

- Ruhen des Verfahrens
- Vergleich
- Versäumungsurteil
- Unterbrechung des Verfahrens
- Erstreckung der Tagsatzung
- Schluss der Verhandlung

#### 3.4.4.1. Ruhen des Verfahrens

##### 3.4.4.1.1. Einleitung

Ruhen des Verfahrens hat primär prozessökonomische Gründe. Es tritt entweder durch Vereinbarung der Parteien oder aufgrund der Säumnis beider Parteien ein, wenn diese zur mündlichen Verhandlung nicht erscheinen. Wenn sich die Parteien außergerichtlich einigen und auf eine Fortsetzung des Verfahrens verzichten möchten, ist das Ruhen des Verfahrens meist die kostengünstigere Lösung.

##### 3.4.4.1.2. Ruhen kraft Vereinbarung

Den Parteien steht es frei, Ruhen des Verfahrens zu vereinbaren. In diesem Fall haben sie dem Gericht das vereinbarte Ruhen anzuzeigen (§ 168 ZPO).

##### 3.4.4.1.3. Ruhen kraft Säumnis

Ruhen des Verfahrens tritt gemäß § 170 Abs 1 ZPO auch dann ein, wenn beide Parteien zu der anberaumten Tagsatzung nicht erscheinen.

##### 3.4.4.1.4. Wirkung

Ruhen des Verfahrens hat grundsätzlich dieselben Rechtswirkungen wie die Unterbrechung des Verfahrens, wobei Notfristen weiterlaufen und das Verfahren frühestens nach Ablauf von drei Monaten wieder fortgesetzt werden kann (§ 168 ZPO).

Das ewige Ruhen ist in der ZPO nicht eigens geregelt, ihm kommt jedoch in der Praxis erhebliche Bedeutung zu. Ewiges Ruhen bedeutet, dass die Parteien entweder durch eine Vereinbarung oder durch Säumnis das Ruhen des Verfahrens herbeiführen und sich anschließend darauf verständigen, das Verfahren nicht weiterzuführen, es also auf unbestimmte Zeit ruhen zu lassen. Nach herrschender Ansicht bedeutet eine Vereinbarung über ewiges Ruhen in der Regel eine Klagezurücknahme mit Anspruchsverzicht.[142]

#### 3.4.4.1.5. Fortsetzungsantrag

Unabhängig davon, ob ein ewiges Ruhen vereinbart wurde oder nicht, kann das Verfahren grundsätzlich jederzeit – jedoch frühestens nach drei Monaten – fortgesetzt werden. Haben die Parteien eine längere Frist vereinbart, ist diese zu beachten.[143]

#### 3.4.4.2. Gerichtlicher Vergleich

Ein gerichtlicher Vergleich ist eine vor Gericht geschlossene und vom Gericht protokollierte Vereinbarung, mit der strittige Ansprüche sowie Rechtsverhältnisse geregelt werden, um einen Rechtsstreit ganz oder teilweise zu beenden oder – im Fall eines prätorischen Vergleichs (siehe 3.3.2.) zu vermeiden.[144]

Der Abschluss eines gerichtlichen Vergleichs ermöglicht es dem Gläubiger, kostengünstig einen Exekutionstitel zu erlangen und möglicherweise auch ein Prozessrisiko zu vermeiden. Für den Schuldner kann er zudem die Chance bieten, vorteilhaftere Konditionen (wie zB im Rahmen eines Raten- oder Prämienvergleichs) auszuhandeln als dies bei einer gerichtlichen Entscheidung durch Urteil der Fall wäre.

#### 3.4.4.2.1. Voraussetzungen

→ Willenseinigung der Parteien
→ Vergleichsfähigkeit der Rechte und Ansprüche und Nichtvorliegenden von Vergleichshindernissen[145]

---

142 *Klauser/Kodek,* JN – ZPO[18] (2018) § 168 ZPO E 24 mwN.
143 *Gitschthaler* in *Rechberger/Klicka,* ZPO5 §§ 168–170 Rz 4 f.
144 *Fucik,* Der Vergleich, ÖJZ 2008/79, 741.
145 *Klauser/Kodek,* JN – ZPO[18] (2018) § 204 ZPO E 27.

- Protokollierung durch den Richter oder den zuständigen Rechtspfleger[146]
- Unterfertigung des Protokolls durch den Richter und die Parteien[147]
- Mitwirkung eines Rechtsanwalts bei Anwaltspflicht[148]

#### 3.4.4.3. Versäumungsurteil

##### 3.4.4.3.1. Voraussetzungen

Erscheint eine Partei trotz ordnungsgemäßer Zustellung der Ladung nicht zur vorbereitenden Tagsatzung, sind die Prozessvoraussetzungen erfüllt, liegt kein Hindernis nach § 402 ZPO oder ein Nichtigkeitsgrund vor und hält das Gericht das Vorbringen der anderen Partei für schlüssig, hat auf Antrag der anderen Partei ein Versäumungsurteil zu ergehen.

Schriftliche Eingaben der Partei vor mündlicher Streiteinlassung hindern bei Vorliegen der oben genannten Voraussetzungen die Erledigung des Verfahrens mittels Versäumungsurteils nicht.

Soweit sich die Partei allerdings mündlich in den Streit eingelassen hat, indem sie bereits bei einer Tagsatzung teilnahm und ein Vorbringen erstattete, und folglich von einer Tagsatzung fernbleibt, liegen die Voraussetzungen für die Erlassung eines Versäumungsurteils hingegen nicht mehr vor (§ 399 ZPO).

##### 3.4.4.3.2. Rechtsmittel gegen das Versäumungsurteil

Gegen das Versäumungsurteil stehen folgende Rechtsmittel zur Verfügung, wobei diese auch kumuliert, das heißt nebeneinander geltend gemacht werden können.

**Widerspruch nach § 397a ZPO**

Der Widerspruch ist gemäß § 397a Abs 2 ZPO binnen 14 Tagen ab Zustellung des Versäumungsurteils beim Prozessgericht einzubringen. Er bedarf keiner Begründung, allerdings muss gleichzeitig die inhaltliche Verteidigung vorgenommen werden.

Erfolgte der Widerspruch rechtzeitig, hat das Prozessgericht das Versäumungsurteil aufzuheben und eine Tagsatzung zur mündlichen Verhandlung anzuberaumen (§ 397a Abs 3 ZPO).

---

[146] *Gitschthaler* in *Rechberger*, Kommentar zur ZPO4 §§ 204–206 ZPO Rz 13.

[147] *Gitschthaler* in *Rechberger*, Kommentar zur ZPO4 §§ 204–206 ZPO Rz 13.

[148] *Klauser/Kodek*, JN – ZPO[18] (2018) § 204 ZPO E 8.

**Berufung**
Die Berufung ist binnen vier Wochen beim Prozessgericht einzubringen. Neben dem Vorteil, dass im Vergleich zum Widerspruch eine längere Frist offensteht, können im Rahmen der Berufung auch alle Prozessreinreden nachgeholt werden.[149] Liegt Aktenwidrigkeit, ein Nichtigkeitsgrund nach § 477 ZPO oder der Berufungsgrund der unrichtigen rechtlichen Beurteilung vor, kann sie gegenüber dem Widerspruch einen weitergehenden Prozesserfolg nach sich ziehen.

**Wiedereinsetzung in den vorigen Stand**
Mit dem Antrag auf Wiedereinsetzung in den vorigen Stand begehrt der Antragsteller, dass der Prozess in jenes Verfahrensstadium zurückversetzt wird, in dem er sich vor Säumnis befunden hat (§ 150 ZPO). Voraussetzung für die Bewilligung des Antrags ist allerdings, dass die Partei durch ein unvorhergesehenes oder unabwendbares Ereignis an der Vornahme der Prozesshandlung gehindert war (§ 146 Abs 1 ZPO).

Der Antrag auf Wiedereinsetzung in den vorigen Stand ist gemäß § 148 Abs 1 und 2 ZPO innerhalb einer Frist von 14 Tagen ab Wegfall des Hindernisses beim Prozessgericht einzubringen. Wie beim Rechtsmittel des Widerspruchs ist die versäumte Prozesshandlung bzw bei Versäumung einer Tagsatzung dasjenige nachzuholen, was zur Vorbereitung der mündlichen Verhandlung seitens der Partei vorzubringen war.

### 3.4.4.4. Unterbrechung des Verfahrens

#### 3.4.4.4.1. Allgemeines

Eine Unterbrechung des Verfahrens führt zu einem Stillstand desselben, der auf gesetzlich festgelegten Unterbrechungsgründen basiert.

#### 3.4.4.4.2. Unterbrechung nach den §§ 190 f ZPO

In Zivilverfahren kann das Verfahren ua nach § 190 Abs 1 ZPO unterbrochen werden, wenn die Entscheidung eines Rechtsstreits ganz oder teilweise vom Bestehen eines Rechtsverhältnisses abhängt, das Gegenstand eines anderen

---

[149] *Kodek/Mayr*, Zivilprozessrecht5 Rz 663 ff; *Rechberger/Simotta*, Zivilprozessrecht[9] Rz 743.

anhängigen gerichtlichen Verfahrens ist. Die Entscheidung über die Unterbrechung liegt im pflichtgemäßen Ermessen des Gerichts und ist dabei unter Berücksichtigung der Zweckmäßigkeit, der Verfahrensökonomie und auch der Vermeidung von Entscheidungsdivergenzen zu treffen.[150]

#### 3.4.4.4.3. Unterbrechung wegen eines Verfahrens nach § 37 MRG

Aus § 41 MRG lässt sich entnehmen, dass ein Rechtsstreit über eine Kündigung nach § 30 Abs 2 Z 1 MRG oder über eine Räumungsklage wegen Mietzinsrückstands gemäß § 1118 ABGB unterbrochen werden kann, wenn ein Verfahren nach § 37 MRG anhängig ist. Die Unterbrechung des Verfahrens liegt im richterlichen Ermessen und ist nach § 190 ZPO zu beurteilen.[151] § 37 Abs 1 MRG führt in deren Z 1–14 Rechtssachen auf, über die das für Zivilrechtssachen zuständige Bezirksgericht, in dessen Sprengel das Mietobjekt gelegen ist, im Verfahren außer Streitsachen entscheidet.

Die aufgrund eines Verfahrens nach § 37 MRG angeordnete Unterbrechung ist auf Antrag des Vermieters aufzuheben, wenn dem Mieter die Zahlung eines einstweiligen Mietzinses nach § 382f EO auferlegt wurde und die Forderung auch durch Fahrnis- und Gehaltsexekution oder die Verwertung verfügbarer Sicherheiten innerhalb einer angemessenen Frist nicht einbringlich gemacht werden konnte. Das Gericht kann jedoch von der Aufhebung der Unterbrechung absehen, wenn nach den Umständen des Einzelfalls nicht davon auszugehen ist, dass die Einwendungen des Mieters gegen den Mietzinsrückstand nur der Verzögerung des Rechtsstreits dienen.

### 3.4.4.5. Erstreckung der Tagsatzung

Ist die Erledigung des Rechtsstreits in der vorbereitenden Tagsatzung nicht möglich, wird die Verhandlung auf bestimmte oder unbestimmte Zeit erstreckt (vgl §§ 134 ff ZPO).

---

150 *Kulhanek* in *Höllwerth/Ziehensack* (Hrsg), ZPO_Praxiskommentar (2019) § 571 ZPO Rz 21.

151 *Kulhanek* in *Illedits* (Hrsg), Wohnrecht[4] (2022) § 41 MRG Rz 2 mwN.

### 3.4.5. Weiteres Verfahren

#### 3.4.5.1. Beweisverfahren

Das Beweisverfahren im Räumungs- und im Kündigungsverfahren unterliegt den allgemeinen Regelungen der ZPO (§§ 266 ff ZPO).

##### 3.4.5.1.1. Behauptungs- und Beweispflicht

Wird der Kündigungsstreit in der vorbereitenden Tagsatzung nicht beendet, wird die Streitverhandlung fortgesetzt.

Dem Vermieter obliegt es, das Vorliegen des geltend gemachten Kündigungsgrundes nachzuweisen. Der Kündigungsgegner hat wiederum den Nachweis zu erbringen, dass die in den einzelnen Kündigungsgründen vorgesehenen Einschränkungen oder Ausnahmen vorliegen.[152]

Im Rechtsstreit über die Räumungsklage nach § 1118 ABGB hat der Vermieter zu beweisen, dass die Gründe für die erhobene Räumungsklage gerechtfertigt sind.

##### 3.4.5.1.2. Beweismittel

Als Beweismittel für die Durchsetzung des jeweiligen Anspruchs bzw für dessen Entkräftigung kommen wie folgt in Betracht:

- Urkunden (§§ 292–319 ZPO),
- Zeugen (§§ 320–350 ZPO),
- Sachverständige (§§ 351–367),
- Augenschein (§§ 368–370),
- Vernehmung der Parteien (§§ 371–383).

##### 3.4.5.1.3. Ergebnis des Beweisverfahrens

Die Parteien haben nicht nur in der vorbereitenden Tagsatzung die Möglichkeit einen Vergleich abzuschließen oder das Ruhen des Verfahrens zu vereinbaren, dies kann auch noch bei etwaigen späteren Verhandlungsterminen erfolgen. Hinsichtlich der möglichen Verfahrensausgänge wird auf 3.4.4. verwiesen. Die Fällung eines Versäumungsurteils (siehe 3.4.4.3.) ist allerdings nicht mehr möglich, sobald sich der Gegner auf den Streit eingelassen hat.

---

[152] *Würth/Zingher/Kovanyi* I 23 § 33 MRG Rz 26.

### 3.4.5.2. Unterbrechung nach § 7 IO

§ 7 IO ordnet an, dass – mit gewissen Ausnahmen – anhängige Rechtsstreitigkeiten, in denen der Schuldner Kläger oder Beklagter ist, durch die Eröffnung des Insolvenzverfahrens unterbrochen werden.

**ACHTUNG: ANMELDUNG VON INSOLVENZFORDERUNGEN**

Aufgrund der Prozesssperre lassen sich Insolvenzforderungen nicht mehr im Wege der Klags- und Exekutionsführung durchsetzen.[153]

Insolvenzforderungen sind im Allgemeinen vermögensrechtliche Ansprüche, die dem Gläubiger im Zeitpunkt der Eröffnung des Insolvenzverfahrens gegenüber dem Schuldner zustehen (vgl § 51 Abs 1 IO). Insolvenzforderungen sind vom Insolvenzgläubiger beim Insolvenzgericht schriftlich oder mündlich zu Protokoll anzumelden (§§ 102 ff IO).

Die Frist zur Anmeldung von Forderungen wird im Insolvenzedikt festgelegt (§ 74 Abs 2 Z 5 IO) und endet in der Regel 14 Tage vor der allgemeinen Prüfungstagsatzung. Diese ist grundsätzlich innerhalb von 60 bis 90 Tagen nach Eröffnung des Insolvenzverfahrens anzuberaumen.

Vermögensrechtliche Ansprüche des Gläubigers gegen den Schuldner für den Zeitraum nach Eröffnung des Insolvenzverfahrens sind grundsätzlich Masseforderungen und zu befriedigen, sobald die Ansprüche feststehen und fällig sind (§ 124 IO).

### 3.4.5.3. Nachträgliche Entrichtung des Mietzinsrückstands

#### 3.4.5.3.1. Allgemeines

Entrichtet der Bestandnehmer bis zum Schluss der mündlichen Verhandlung erster Instanz den gesamten Mietzinsrückstand und trifft ihn an dem Zahlungsrückstand kein grobes Verschulden, so ist die Kündigung, vorausgesetzt das Mietverhältnis unterliegt dem Voll- oder Teilanwendungsbereich des MRG, gemäß § 33 Abs 2 MRG aufzuheben.

[153] 5 Ob 196/68 = JBl 1969, 562.

#### 3.4.5.3.2. Kein grobes Verschulden

Für die Beurteilung der Frage, ob den Bestandnehmer am Zahlungsrückstand ein grobes Verschulden trifft, kommt es auf seine Willensrichtung, die zur Säumnis führt, an.[154] Ob den Bestandnehmer an der nicht rechtzeitigen Zahlung des Mietzinses ein grobes Verschulden iSd § 33 Abs 2 MRG trifft, stellt eine Frage des Einzelfalls dar.[155]

Grobes Verschulden setzt ein besonderes Maß an Sorglosigkeit voraus, dass der Vorwurf berechtigt erscheint, der Mieter habe die Interessen des Vermieters aus Rechthaberei, Willkür, Leichtsinn oder Streitsucht verletzt.[156]

Die Behauptungs- und Beweislast dafür, dass kein grobes Verschulden vorliegt, trifft den Bestandnehmer.[157]

#### 3.4.5.3.3. Zahlung des Rückstands

Eine weitere Voraussetzung für die Aufhebung der Aufkündigung ist, dass der Mieter den geschuldeten Betrag bis zum Schluss der Verhandlung erster Instanz begleicht. Dabei umfasst der geschuldete Betrag nicht nur die zum Zeitpunkt der Einbringung der Aufkündigung ausstehenden Mietzinszahlungen, sondern auch alle während des Verfahrens fällig gewordenen Beträge.[158]

#### 3.4.5.3.4. Feststellung des geschuldeten Betrags bei Strittigkeit

Ist die Höhe des geschuldeten Betrags strittig, hat das Gericht gemäß § 33 Abs 2 MRG letzter Satz den Betrag durch gerichtlichen Beschluss festzusetzen. Eines solchen Beschlusses bedarf es nicht nur, wenn die Höhe des geschuldeten Mietzinses strittig ist, sondern auch wenn der Mieter geltend macht,

[154] RIS-Justiz RS0069316.

[155] OGH 10 Ob 8/13v.

[156] RIS-Justiz RS0069304.

[157] OGH 6 Ob 259/11y.

[158] OGH 6 Ob 212/14 s MietSlg 66.419; *Klausegger* in *Illedits* (Hrsg), Wohnrecht[4] (2022) § 33 MRG Rz 13.

er sei nach § 1096 oder § 1104 ABGB ganz oder teilweise von der Mietzinszahlung befreit.[159]

#### 3.4.5.3.5. Kostenersatzpflicht des Mieters

Nach einer erfolgten Nachzahlung muss der klagende Vermieter wählen, ob er sein Klagebegehren auf die Kosten einschränkt (was vollen Kostenersatz zur Folge hat) oder dem Einwand des Mieters bezüglich des fehlenden groben Verschuldens entgegentritt und das Räumungsbegehren aufrechterhält. In diesem Fall richtet sich der Kostenersatz nach § 41 ZPO und hängt vom letztendlichen Obsiegen ab.[160]

#### 3.4.5.3.6. Anwendbarkeit bei Räumungsverfahren

§ 33 Abs 3 MRG sieht vor, dass Abs 2 sinngemäß für Mietzins- und Räumungsverfahren nach § 1118 ABGB gilt, wenn der Vermieter die Aufhebung des Mietvertrags auf qualifizierten Mietzinsrückstand stützt. Macht der Vermieter den Mietzinsrückstand geltend, hat das Gericht mit Teilurteil zu entscheiden.[161]

## 3.4.6. Urteil

### 3.4.6.1. Urteil im Kündigungsverfahren

#### 3.4.6.1.1. Zweigliedrigkeit des Urteilsspruchs

Gemäß § 572 ZPO hat das Gericht einerseits über die Wirksamkeit der Aufkündigung und andererseits über das Räumungsbegehren abzusprechen. Insofern ist das Urteil zweigliedrig.[162]

Gemäß § 409 ZPO ist in Urteilen, die eine Partei zu einer Leistung verpflichten, auch eine Frist zur Erfüllung dieser Leistung festzulegen. § 573 ZPO enthält in Bezug auf die Leistungsfrist für das stattgebende Urteil im Kündigungsverfahren spezifische Regelungen.[163]

---

[159] RIS-Justiz RS0070404.

[160] MietSlg 68.320.

[161] RIS-Justiz RS0111942.

[162] *Weixelbraun* in *Fasching/Konecny*³ IV/1 (2019) § 572 ZPO Rz 1.

[163] *Weixelbraun* in *Fasching/Konecny*³ IV/1 (2019) § 573 ZPO Rz 1.

#### 3.4.6.1.2. Stattgebendes Urteil

Gelangt das Gericht zu dem Ergebnis, dass die gerichtliche Aufkündigung begründet ist, hat es auszusprechen, dass die gerichtliche Kündigung wirksam und der Kündigungsgegner schuldig ist, den Bestandgegenstand geräumt von eigenen Fahrnissen zu übergeben.[164]

Binnen welcher Frist die Übergabe des Bestandgegenstands zu erfolgen hat, hängt davon ab, ob im Zeitpunkt der Urteilsfällung der Kündigungstermin bereits verstrichen ist oder nicht:

a) **Kündigungstermin bereits verstrichen**
Ist im Zeitpunkt der Urteilsfällung der Kündigungstermin schon verstrichen, ist vom Gericht eine Leistungsfrist von 14 Tagen festzusetzen. Wurde gegen das Urteil kein Rechtsmittel erhoben oder dieses wieder zurückgenommen, berechnet sich diese Frist von dem Tag an, mit dem das Urteil gegenüber dem Kündigungsgegner wirksam geworden ist, das heißt zugestellt wurde. Im Fall eines Rechtsmittels ist die Berechnung vom Tag nach Eintritt der Rechtskraft an vorzunehmen.[165]

b) **Kündigungstermin noch nicht verstrichen**
Ist die Bestandzeit im Zeitpunkt der Urteilsfällung noch nicht verstrichen, ist gemäß § 573 Abs 2 ZPO auszusprechen, dass der Bestandgegenstand längstens binnen vierzehn Tagen nach Ablauf der Bestandzeit geräumt zu übergeben ist.

#### 3.4.6.1.3. Abweisendes Urteil

Hält das Gericht die vom Kündigungsgegner erhobenen Einwendungen für begründet, kommt es zur Aufhebung der Aufkündigung. In diesem Fall ist das Räumungsbegehren abzuweisen.[166]

#### 3.4.6.1.4. Verlängerung der Räumungsfrist

Unter bestimmten Voraussetzungen kann das Gericht in Rechtssachen über die Räumung oder die Kündigung im Urteil eine längere als die gesetzliche

[164] *Weixelbraun* in *Fasching/Konecny*³ IV/1 (2019) § 572 ZPO Rz 2 und 9.
[165] *Weixelbraun* in *Fasching/Konecny*³ IV/1 (2019) § 573 ZPO Rz 3 f.
[166] RIS-Justiz RS00449903.

Räumungsfrist festsetzen, wobei die Verlängerung nicht mehr als neun Monate betragen darf. Die Voraussetzungen sind in § 34 MRG geregelt:

- Antrag des Mieters, wobei der Mieter nicht selbst gekündigt hat;
- Vorliegen wichtiger Gründe des Mieters;
- kein unverhältnismäßiger Nachteil aus der Verzögerung der Räumung für den Vermieter.

§ 34 MRG schließt die Geltendmachung eines darüber hinaus gehenden Schadenersatzes nicht aus. Dafür sind sowohl ein Verschulden des Mieters als auch der Nachweis erforderlich, dass ein Interessent bereit gewesen wäre, das Mietobjekt unter den gleichen Bedingungen wie der bisherige Mieter, jedoch zu einem höheren Mietzins anzumieten. Zudem muss bewiesen werden, dass der Vertragsabschluss ausschließlich aufgrund des rechtswidrigen und schuldhaften Verhaltens des Mieters nicht zustande kam. Ein solches Verschulden des Mieters kann beispielsweise in der mutwilligen Bestreitung des Räumungsbegehrens des Vermieters liegen.[167]

#### 3.4.6.2. Urteil im Räumungsverfahren

Nach Art der Entscheidung wird ein stattgebendes oder ein abweisendes Urteil erlassen. Ein stattgebendes Leistungsurteil verpflichtet den Beklagten zu bestimmten Handlungen, Duldungen oder Unterlassungen. Ein zentrales Merkmal ist der Leistungsbefehl, also die Anweisung an den Beklagten, innerhalb der festgelegten Frist (Leistungsfrist) die im Urteil als berechtigt festgestellte Leistung an den Kläger zu erbringen.[168] Wird der Räumungsklage stattgegeben, wird dem Beklagten aufgetragen, die konkret bezeichnete Wohnung innerhalb der begehrten Leistungsfrist zu räumen.

#### 3.4.6.3. Rechtsmittel

##### 3.4.6.3.1. Berufung

Gegen das Urteil des Erstgerichts kann nach den allgemeinen Regeln der ZPO das Rechtsmittel der Berufung erhoben werden bzw gegen die Kostenentschei-

---

167 OGH 7 Ob 614/94 MietSlg 47.074.

168 *Brenn* in *Höllwerth/Ziehensack* (Hrsg), ZPO_Praxiskommentar (2019) § 404 ZPO Rz 2.

dung der Kostenrekurs. Eine ausführliche Darstellung dieser Rechtsmittel und deren Voraussetzungen würde den Rahmen dieses Buches sprengen, weshalb lediglich die wichtigsten Aspekte zur Berufung behandelt werden.

**Berufungsfrist**

Gemäß § 464 Abs 1 beträgt die Berufungsfrist vier Wochen. Sie beginnt grundsätzlich mit der Zustellung der schriftlichen Ausfertigung des Urteils zu laufen (§ 464 Abs 2 ZPO).

**Berufungsschrift**

Die Berufung ist mittels Schriftsatzes beim Prozessgericht erster Instanz einzubringen. Der notwendige Inhalt der Berufungsschrift ist § 467 ZPO zu entnehmen. Sie ist von einem Rechtsanwalt zu unterschreiben (§ 467 Z 5 ZPO).

**Berufungsgründe**

Das Urteil kann aus den nachstehenden Rechtsmittelgründen angefochten werden:

- Nichtigkeit,
- sonstige Verfahrensmängel,
- unrichtige Tatsachenfeststellung aufgrund unrichtiger Beweiswürdigung,
- Aktenwidrigkeit,
- unrichtige rechtliche Beurteilung.

Es gilt der Grundsatz, dass, wenn das Erstgericht über einen Streitgegenstand entschieden hat, das an Geld oder Geldeswert EUR 2.700,00 nicht übersteigt, das Urteil nur wegen Nichtigkeit oder unrichtiger rechtlicher Beurteilung angefochten werden kann (vgl § 501 Abs 1 ZPO). Diese Einschränkung gilt nach § 501 Abs 2 allerdings nicht für die im § 502 Abs 4 und 5 bezeichneten Streitigkeiten, zu welchen ua die unter § 49 Abs 2 2 Z 5 JN fallenden Streitigkeiten gehören. Die Beschränkung der Nichtigkeitsgründe gilt daher nicht für Entscheidungen über Kündigungen oder Räumungsklagen.

**Berufungsbeantwortung**

Gemäß § 468 Abs 1 ZPO wird im Fall rechtzeitiger Erhebung der Berufung die Berufungsschrift dem Gegner des Berufungswerbers zugestellt. Dieser hat die Möglichkeit binnen der Notfrist von vier Wochen eine Berufungsbeantwortung beim Prozessgericht erster Instanz einzubringen (Abs 2).

#### 3.4.6.3.2. Revision

Eine Revision ist nach § 502 Abs 1 ZPO nur dann zulässig, wenn die Entscheidung von der Lösung einer Rechtsfrage des materiellen Rechts oder des Verfahrensrechts abhängt, der zur Wahrung der Rechtseinheit, Rechtssicherheit oder Rechtsentwicklung erhebliche Bedeutung zukommt, etwa weil das Berufungsgericht von der Rechtsprechung des OGH abweicht oder eine solche Rechtsprechung fehlt oder uneinheitlich ist.[169]

Nach § 502 Abs 2 ZPO ist die Revision unzulässig, wenn der Streitgegenstand, über den das Berufungsgericht entschieden hat, an Geld oder Geldeswert insgesamt EUR 5.000,00 nicht übersteigt und nicht einer der Ausnahmefälle gemäß § 502 Abs 4 und 5 ZPO vorliegt. Bestandstreitigen, wenn dabei über eine Kündigung, eine Räumung oder über das Bestehen eines Vertrags entschieden wird, bilden eine solche Ausnahme, sodass die streitwertabhängige Beschränkung nicht gilt (§ 502 Abs 5 Z 1 ZPO).

§ 503 ZPO zählt die Revisionsgründe taxativ auf:

- Nichtigkeit des Berufungsurteils,
- wesentliche Verfahrensmängel des Berufungsverfahrens,
- Aktenwidrigkeit im Berufungsurteil,
- unrichtige rechtliche Beurteilung.

### 3.4.6.4. Befristung bestandrechtlicher Exekutionstitel

Obwohl Exekutionstitel grundsätzlich erst nach 30 Jahren verjähren (vgl § 1478 ABGB), begrenzt § 575 Abs 2 ZPO die Exekutionsfähigkeit der meisten Räumungsexekutionstitel auf sechs Monate. Demnach verlieren eine gerichtliche Kündigung, ein Auftrag zur Übergabe oder Übernahme des Bestandsobjekts, gegen die keine fristgerechten Einwendungen erhoben wurden, sowie rechtskräftige Urteile über solche Einwendungen ihre Gültigkeit – vorbehaltlich der Entscheidung über den Kostenersatz –, wenn nicht innerhalb von sechs Monaten nach Ablauf der in diesen Aufträgen oder Urteilen bestimmten

---

[169] *Zechner* in *Fasching/Konecny*² § 502 ZPO Rz 72 ff.

Frist ein Antrag auf Exekution zur Durchsetzung der Räumung oder Übernahme gestellt wird.

Über den Wortlaut des Abs 2 hinaus gilt die Vorschrift über die Befristung bestandrechtlicher Exekutionstitel nach herrschender Rechtsprechung auch für Exekutionstitel infolge von Räumungsklagen gemäß § 1118 ABGB.[170]

## 3.5. Nach Abschluss des Verfahrens

### 3.5.1. Aufforderung zur Räumung

Kommt das Gericht zu der Auffassung, dass der geltend gemachte Kündigungs- bzw Auflösungsgrund verwirklicht ist, und wird ein stattgebendes Urteil erlassen, kann dieses nicht sogleich vollstreckt werden. Es muss zugewartet werden, bis dieses rechtskräftig und vollstreckbar ist. Erst danach kann das Exekutionsverfahren eingeleitet werden.

Für den Zeitraum zwischen Entscheidungsfällung und Vollstreckbarkeit des Urteils empfiehlt es sich, den Kündigungsgegner bzw Beklagten außergerichtlich aufzufordern, seiner Verpflichtung aus dem Urteil nachzukommen und das Mietobjekt zu räumen. Kommt er dieser Verpflichtung vollständig nach, erübrigt sich ein weiteres Verfahren. Kommt er dieser Verpflichtung allerdings nicht nach, ist die Räumungsexekution einzuleiten.

### 3.5.2. Exekution

Zum Exekutionsverfahren siehe im Detail Kapitel 5.

170 EvBl 1968/163 = MietSlg 19.560; LGZ Wien MietSlg 22.670, 27.704 f, 28.630, 29.657, 30.795, 33.689.

# 4. Vertragsbeendigung und außergerichtliche Räumung

*Katharina Rauter*

## 4.1. Einleitung

Die Beendigung eines Bestandverhältnisses markiert regelmäßig den sensibelsten Abschnitt des Mietverhältnisses. Dieses Kapitel soll die zentralen rechtlichen und praktischen Fragen der Vertragsbeendigung systematisch darstellen – vom Auslaufen befristeter Verträge und der Vermeidung stillschweigender Verlängerungen über die Beendigung aus wichtigem Grund bis hin zu einvernehmlichen Lösungen. Zudem werden die Voraussetzungen und Abläufe einer außergerichtlichen Räumung erläutert, einschließlich der Vorbereitung, der geordneten Rückstellung nach § 1109 ABGB sowie der zweckmäßigen Dokumentation.

## 4.2. Ablauf der Befristung

Sofern eine Befristung des Bestandverhältnisses wirksam vereinbart wurde (siehe Kapitel 2.1.3.2.3.), stellt sich kurz vor Ablauf dieser Frist die Frage, welche Vorkehrungen getroffen werden müssen, um eine reibungslose Beendigung zu gewährleisten.

Ein befristeter Bestandvertrag endet grundsätzlich mit Ablauf der vereinbarten Vertragsdauer, ohne dass es einer gesonderten Aufkündigung bedarf.

Der Bestandgeber hat jedoch, sofern er der Meinung ist, dass es einer vorbereitenden Maßnahme bedarf, die Möglichkeit einen Übergabeauftrag gemäß § 567 ZPO zu beantragen (siehe Kapitel 3.3.1.).

**PRAXISTIPP: VORKEHRUNGEN VOR ABLAUF DER BEFRISTUNG**

Sofern keine Notwendigkeit eines Übergabeauftrages erblickt werden kann, ist es dennoch für den Bestandgeber empfehlenswert, rechtzeitig vor Ablauf der Befristung einige Vorkehrungen zu treffen.

Insbesondere sollte der Bestandnehmer frühzeitig zur Räumung des Bestandobjekts aufgefordert und sohin auf das demnächst bevorstehende Ende des Bestandverhältnisses hingewiesen werden. In diesem Zusammenhang ist es empfehlenswert, sogleich einen Rückgabetermin zu vereinbaren (diesbezüglich wird im Hinblick auf das Rückgabeprotokoll auf Kapitel 6.1. verwiesen).

Zudem könnte der Bestandnehmer auf die ihm nach dem Bestandverhältnis treffenden Pflichten hingewiesen werden (Entfernung der Fahrnisse, Rückbauverpflichtungen, Reinigung udgl), zumal diese so rechtzeitig vorzunehmen sind, dass das Bestandobjekt ohne weiteres Zutun des Bestandgebers nach Vertragsende unmittelbar weiter verwertet werden kann.

### 4.2.1. Konkludente Zustimmung zur Verlängerung

Unabhängig davon, ob das Bestandverhältnis dem Regime des MRG unterliegt, besteht bei befristeten Bestandverträgen die Gefahr einer konkludenten Zustimmung zur Verlängerung.

Einerseits ist hier die Regelung des § 1114 ABGB außerhalb des Anwendungsbereiches des MRG sowie auch § 29 Abs 3 lit b MRG im Anwendungsbereich des MRG von Relevanz.

Selbstverständlich ist man in den seltensten Fällen bestrebt, eine stillschweigende Verlängerung eines Bestandverhältnisses herbeizuführen, weshalb nachfolgend die Kriterien, welche zu einer solchen Verlängerung führen, dargestellt werden sollen.

Weiters wird empfohlen, dass, sofern eine Verlängerung des Bestandverhältnisses gewünscht ist, jedenfalls eine ausdrückliche Vereinbarung diesbezüglich geschlossen wird. Dies insbesondere im Hinblick auf die Gefahr, dass ansonsten möglicherweise ein ungewünschtes unbefristetes Bestandverhältnis begründet wird (siehe Kapitel 2.1.3.2.3. zur wirksamen Vereinbarung einer Befristung).

**Stillschweigende Verlängerung nach § 1114 ABGB**

Gemäß § 1114 ABGB wird das Bestandverhältnis stillschweigend verlängert, wenn das Bestandobjekt nach dem Endtermin vom Bestandnehmer weiterverwendet wird und der Bestandgeber es dabei bewenden lässt. Dies bedeutet, dass der Bestandnehmer den weiteren Gebrauch somit einfach hinnimmt.

Konsequenz hieraus ist, dass das Bestandverhältnis, abgesehen von der Vertragsdauer, gemäß § 1115 ABGB unverändert weiter besteht.

### PRAXISTIPP: STILLSCHWEIGENDE ERNEUERUNG TROTZ RECHTSKRÄFTIGEN TITELS ODER WIRKSAMER AUFKÜNDIGUNG?

Eine stillschweigende Erneuerung wird angenommen, wenn kein gegenteiliger Wille der Vertragsparteien zum Ausdruck kommt.

Ausgenommen ist eine stillschweigende Erneuerung jedoch, wenn gar kein Bestandvertrag mehr vorliegt.

Wurde das Bestandverhältnis sohin bereits wirksam aufgelöst oder liegt bereits ein rechtskräftiger Titel, beispielsweise aus einer Mietzins- und Räumungsklage vor, ist eine stillschweigende Erneuerung ausgeschlossen. Dies gilt auch dann, wenn die Räumungsexekution nicht binnen sechs Monaten ab Vollstreckbarkeit des Titels beantragt wird (siehe zur Räumungsexekution Kapitel 5.).[171]

---

[171] RS0020831.

„Erneuerung" bedeutet in diesem Zusammenhang schließlich die Fortsetzung eines bereits bestehenden Vertrages.[172] Ein rechtswirksam beendeter Bestandvertrag bleibt sohin beendet und der ehemalige Bestandnehmer nutzt das Bestandobjekt sodann schlichtweg titellos.

Um diesem Umstand entgegenzuwirken, ist eine ausdrückliche Ablehnung des Bestandgebers, dass dieser einer Fortsetzung des Bestandvertrages widerspricht, notwendig.

Die Ablehnung kann sowohl durch Handlungen als auch Erklärungen erfolgen, wenngleich eine eindeutige Erklärung der Ablehnung empfehlenswert ist. Auch ist es möglich, dass die Ablehnung bereits vor Ablauf der Bestandzeit erfolgt, sofern diese in einem unmittelbaren zeitlichen Zusammenhang mit dem tatsächlichen Ende der Bestandzeit steht.[173] Wird der Bestandnehmer sohin kurze Zeit vor Ende der Bestanddauer auf seine Verpflichtung zur Räumung hingewiesen, kann dieser nicht mehr davon ausgehen, dass der Bestandgeber einer Verlängerung (konkludent) zustimmt.

In folgenden Fällen wurde eine ausdrückliche und rechtzeitige Willenserklärung des Bestandgebers von der Rechtsprechung bejaht:[174]

- die Verweigerung der Annahme des Bestandzinses in Verbindung mit dem Versuch, eine Behörde einzuschalten;
- die einvernehmliche Verlängerung der im Exekutionstitel enthaltenen Räumungsfrist, wobei sich der Bestandnehmer zugleich verpflichtet, zu Fristende bedingungslos zu räumen;
- der bloße Hinweis auf die potenzielle Möglichkeit, die Räumungsfrist durch den Abschluss eines Räumungsvergleichs zu verlängern, hat keinen Einfluss auf die ausdrücklich erklärte Ablehnung einer Vertragsverlängerung;
- ein schriftlicher Hinweis des Bestandgebers, dass das Bestandverhältnis zu einem bestimmten Datum endet und der Bestandnehmer das Bestandobjekt spätestens an diesem Tag zurückzugeben hat, ist ausreichend;

---

[172] *Höllwerth* in GeKo Wohnrecht I § 1114 ABGB Rz 8 (Stand 1.10.2017, rdb.at).

[173] *Riedl* in *Illedits* (Hrsg), Wohnrecht[4] (2022) § 1114 ABGB Rz 2.

[174] *Pesek* in *Schwimann/Kodek* (Hrsg), ABGB Praxiskommentar Band 7[5] (2021) § 1114 ABGB Rz 11 mwN.

→ zudem genügt es, wenn die Hausverwaltung einen Tag vor Ablauf der Bestandsdauer mitteilt, dass der Bestandnehmer auszuziehen hat, selbst dann, wenn die Räumungsklage erst nach Ablauf der vierzehntägigen Frist des § 569 ZPO eingebracht wird.

Es ist in diesem Zusammenhang nur unter bestimmten Voraussetzungen die unverzügliche Einbringung einer Räumungsklage notwendig. Insbesondere dann, wenn bereits Vergleichsverhandlungen über eine Vertragsverlängerung geführt werden und diese scheitern. In anderen Fällen besteht keine generelle Pflicht zur sofortigen Klagseinbringung. Allerdings kann eine Räumungsklage notwendig werden, um zu widerlegen, dass ein langes Zuwarten (zB fast ein Jahr) als Zustimmung zur Vertragsverlängerung gewertet wird.[175]

Die Behauptungs- und Beweispflicht trifft den Vertragsteil, der eine Vertragsverlängerung verneint. Dies wird grundsätzlich der Bestandgeber sein.[176]

**Stillschweigende Verlängerung § 29 Abs 3 lit b MRG**

Gemäß § 29 Abs 3 lit b MRG verlängert sich ein befristeter Bestandvertrag automatisch einmalig um weitere drei Jahre, wenn dieser nach dem 1.10.2006 abgeschlossen wurde und weder aufgelöst noch ausdrücklich verlängert worden ist.

Mit Ablauf des bisherigen Endtermins beginnt sodann die neue Befristung von drei Jahren zu laufen. Wird der Bestandvertrag sodann ein weiteres Mal nicht aufgelöst, gilt er als auf unbestimmte Zeit verlängert, weshalb insbesondere im Voll- und Teilanwendungsbereich des MRG penibel darauf zu achten ist, einer Verlängerung nicht stillschweigend zuzustimmen.

Im Fall der Verlängerung iRd § 29 Abs 3 lit b MRG ist der Bestandnehmer jedoch jederzeit berechtigt, das Mietverhältnis zum Monatsletzten gerichtlich oder unter Einhaltung der dreimonatigen Kündigungsfrist schriftlich aufzukündigen.

Zur Vermeidung einer stillschweigenden Verlängerung eines ursprünglich befristeten und durchsetzbaren Bestandvertrags ist § 569 ZPO beachtlich. Diese Bestimmung sieht vor, dass eine stillschweigende Verlängerung jedenfalls dann ausgeschlossen ist, wenn der Bestandgeber innerhalb von 14 Tagen

---

175 OGH 6.11.2008, 6 Ob 198/08y, immolex 2009/70.

176 MietSlg 51.757.

nach Ablauf der Vertragsdauer eine Klage auf Rückgabe des Bestandobjekts einbringt. Diese 14-Tage-Frist ist materiell-rechtlich zu verstehen, das heißt, die Klage muss spätestens am letzten Tag bei Gericht einlangen.[177]

Allerdings ist die Einbringung einer Klage nicht der einzige Weg, um eine stillschweigende Verlängerung zu verhindern. Auch andere eindeutige und rechtzeitige Willensäußerungen des Bestandgebers, die zeigen, dass keine Vertragsverlängerung erwünscht ist, können stillschweigende Verlängerung ausschließen.[178] In diesem Zusammenhang kann auf die obigen Ausführungen zu § 1114 ABGB verwiesen werden (siehe vorangegangenes Kapitel 4.2.1.)

## 4.3. Beendigung durch den Bestandgeber

Der Bestandgeber ist unter gewissen Voraussetzungen berechtigt, den Bestandvertrag vorzeitig zu beenden.

Außerhalb des Anwendungsbereichs des MRG steht dem Bestandgeber die vertraglich vereinbarte oder mangels Vereinbarung gesetzliche ordentliche Kündigung innerhalb der Kündigungsfristen und -termine des § 560 ZPO offen. Diesbezüglich wird auf das nachfolgende Kapitel verwiesen (Kapitel 4.3.1.).

Hinsichtlich der außerordentlichen Auflösung, welche an dieser Stelle von Interesse ist, ist in erster Linie darauf zu achten, ob das Bestandverhältnis dem Voll- oder Teilanwendungsbereich des MRG unterliegt – in diesem Fall stehen dem Bestandgeber lediglich die in § 30 MRG normierten Kündigungsgründe zu Verfügung. Unterliegt das Bestandverhältnis nicht dem Regime des MRG, kann das Bestandverhältnis gemäß § 1118 ABGB aufgelöst werden.

### 4.3.1. Auflösungsgründe im Anwendungsbereich des ABGB

§ 1118 ABGB gibt dem Bestandgeber das Recht, das Bestandverhältnis bei Vorliegen eines wichtigen Grundes – eines Auflösungsgrundes – vorzeitig

[177] *Vonkilch* in *Hausmann/Vonkilch* (Hrsg), Kommentar Österreichisches Wohnrecht – MRG[4] (2021) zu § 29 MRG Rz 53.

[178] *Vonkilch* in *Hausmann/Vonkilch* (Hrsg), Kommentar Österreichisches Wohnrecht – MRG[4] (2021) zu § 29 MRG Rz 53; *Frauenberger* in *Rechberger/Klicka* (Hrsg), Kommentar zur ZPO[5] (2019) zu § 569 ZPO mwN.

ohne Rücksicht auf die vereinbarte Vertragsdauer oder eines allfällig vereinbarten Kündigungsverzichts und ohne Einhaltung von vertraglich vereinbarten Kündigungsfristen und -terminen aufzulösen.

§ 1118 ABGB stellt sohin das Gegenstück zu § 1117 ABGB (siehe 4.4.1.) dar und ist Ausdruck des allgemeinen Grundsatzes, dass ein Dauerschuldverhältnis ohne Rücksicht auf die vereinbarte Vertragsdauer und ohne Einhaltung von Kündigungsfrist und -termin aus wichtigen Gründen jederzeit aufgelöst werden kann, sofern die Fortsetzung desselben für einen der Vertragsteile unzumutbar erscheint. Es handelt sich sohin um ein Recht zur „außerordentlichen Kündigung“.[179]

Der Bestandgeber kann dementsprechend die frühere Aufhebung des Bestandvertrags fordern, wenn eine der folgenden Voraussetzungen erfüllt ist:

- der Bestandnehmer macht einen erheblich nachteiligen Gebrauch von dem Bestandobjekt (§ 1118 erster Fall ABGB);
- der Bestandnehmer befindet sich in qualifiziertem Bestandzinsrückstand (§ 1118 zweiter Fall ABGB) oder
- das in Bestand gegebene Gebäude muss neu aufgeführt werden (§ 1118 dritter Fall).

Die Auflösungstatbestände können auch kumulativ, das heißt nebeneinander, geltend gemacht werden. Grundsätzlich sind die drei selbstständigen Auflösungstatbestände voneinander völlig unabhängig.

Maßgebender Zeitpunkt für die Prüfung des Vorliegens von Auflösungsgründen ist der Zeitpunkt des Zugangs der Auflösungserklärung beim Bestandnehmer bzw der Klagseinbringung.[180]

#### 4.3.1.1. Allgemeine Grundsätze – Möglichkeit der Vereinbarung weiterer Auflösungsgründe?

Grundsätzlich vertritt die Rechtsprechung den Standpunkt, dass die Auflösungsgründe des § 1118 ABGB taxativ sind. Mittlerweile wird jedoch auch vertreten, dass weitere Auflösungsgründe im Wege der Analogie vereinbart werden können. Dies kommt jedoch nur dann in Betracht, wenn sie den im Gesetz

179 *Pesek* in *Schwimann/Neumayr* (Hrsg), ABGB Taschenkommentar$^{6}$ (2023) § 1118 ABGB Rz 1.

180 *Lovrek* in *Rummel/Lukas*, ABGB4 § 1118 Rz 31 (Stand 1.5.2017, rdb.at).

genannten Gründen an Bedeutung gleichkommen und die Fortsetzung des Vertrages für eine Partei unzumutbar ist. Solche Gründe dürfen insbesondere nicht bereits bei Vertragsabschluss bekannt oder vorhersehbar gewesen sein, nicht aus der Sphäre des auflösungswilligen Vertragspartners stammen und müssen schwerer wiegen als das Interesse am Fortbestand des Vertrags.[181]

Eine vorzeitige Auflösung ist im Allgemeinen möglich, wenn ein wichtiger Grund vorliegt, der die Fortsetzung des Vertragsverhältnisses unzumutbar macht. Dabei ist eine umfassende Interessenabwägung vorzunehmen. Es kommt nicht immer auf ein Verschulden des Vertragspartners an; auch objektiv grob ungehöriges Verhalten, das etwa das Zusammenleben unzumutbar macht, kann ausreichen.

Vertragsverletzungen rechtfertigen jedoch nicht per se die Auflösung. Es muss sich um ein besonders schwerwiegendes, rechtswidriges oder grob fahrlässiges Verhalten handeln. Die Beweislast für grobes Verschulden liegt beim Geschädigten.

Ein wichtiger Grund kann auch vorliegen, wenn das gedeihliche Zusammenleben der Vertragspartner nicht mehr möglich ist, wobei die Auflösung nur demjenigen zusteht, der die Störung nicht überwiegend verantwortet hat. Ebenso kann eine unvorhersehbare und schwerwiegende Änderung der Verhältnisse einen Auflösungsgrund darstellen, selbst wenn die Leistung nicht rechtlich unmöglich wird. In diesen Fällen ist kein Verschulden erforderlich.

Insgesamt ist die Anerkennung weiterer Auflösungsgründe sehr restriktiv und setzt eine sorgfältige Prüfung und Abwägung der Interessen beider Parteien voraus.[182]

### Dispositives Recht außerhalb des Anwendungsbereiches des MRG

Da es sich bei der Bestimmung des § 1118 ABGB jedoch um dispositives Recht handelt, können die darin geregelten Auflösungsgründe – freilich nur außerhalb des Anwendungsbereichs des MRG – durch vertragliche Vereinbarungen abgeändert, erweitert, eingeschränkt oder ersetzt werden.

Die Vertragsparteien sind also grundsätzlich frei, andere oder zusätzliche Auflösungsgründe zu vereinbaren, die auch für den Bestandgeber günstiger

181 MietSlg 33.197; MietSlg 45.137.

182 *Höllwerth* in GeKo Wohnrecht I § 1118 ABGB (Stand 1.10.2017, rdb.at) Rz 3 ff.

sein können. Diese vertraglich vereinbarten Gründe müssen nicht die Bedeutung eines wichtigen Kündigungsgrundes nach dem MRG haben. So könnte beispielsweise bereits bei verspäteter Mietzinszahlung ein Auflösungsrecht vereinbart werden, ohne dass ein qualifizierter Rückstand vorliegen muss.

Der dispositive Charakter des § 1118 erlaubt es auch zu vereinbaren, dass der Bestandgeber das Vertragsverhältnis jederzeit und ohne Einhaltung von Fristen oder Gründen beenden kann. Die Grenze solcher Vereinbarungen liegt jedoch in der Sittenwidrigkeit, insbesondere bei formularmäßigen Klauseln.

Ein Verzicht des Bestandgebers auf das Recht zur sofortigen Vertragsauflösung nach § 1118 ist grundsätzlich möglich, muss aber ausdrücklich oder nach den strengen Voraussetzungen des § 863 ABGB konkludent vereinbart werden. Selbst eine vereinbarte Unkündbarkeit schließt das Aufhebungsbegehren nach § 1118 jedoch nicht zwingend aus. Insbesondere ist ein genereller Verzicht auf die Auflösung aus wichtigem Grund sittenwidrig und unwirksam, wenn dadurch selbst bei schwersten Vertragsverletzungen das Recht auf vorzeitige Auflösung völlig ausgeschlossen wird.

**PRAXISTIPP**

Werden im Bestandvertrag abweichende oder zusätzliche Auflösungsgründe vereinbart, müssen diese klar und eindeutig geregelt sein. Allgemeine Formulierungen genügen nicht. Es ist sohin konkret anzugeben, welche Vertragsbestimmung bei Verletzung einen Auflösungsgrund darstellen soll.

Wie bereits ausgeführt, ist im Anwendungsbereich des MRG eine vertragliche Erweiterung der Auflösungsgründe des § 1118 grundsätzlich nicht zulässig. Ein unzulässig vereinbarter Auflösungsgrund kann aber unter Umständen als Kündigungsgrund nach § 30 Abs 2 Z 13 MRG gewertet werden, wenn die gesetzlichen Voraussetzungen dafür vorliegen.[183]

#### 4.3.1.2. § 1118 erster Fall – erheblich nachteiliger Gebrauch

Der Auflösungsgrund des erheblich nachteiligen Gebrauchs umfasst sowohl den Tatbestand des erheblich nachteiligen Gebrauchs iSd § 30 Abs 2 Z 3

[183] *Höllwerth* in GeKo Wohnrecht I § 1118 ABGB (Stand 1.10.2017, rdb.at) Rz 9 ff.

erster Fall MRG als auch jenen des unleidlichen Verhaltens iSd § 30 Abs 2 Z 3 zweiter Fall MRG.[184]

**Erster Fall (erheblich nachteiliger Gebrauch im engeren Sinn)**
Die Erfüllung des Tatbestands des erheblich nachteiligen Gebrauchs iSd § 30 Abs 2 Z 3 erster Fall MRG verlangt eine wiederholte, länger währende vertragswidrige Benützung des Bestandobjekts oder eine erhebliche Verletzung oder Drohung mit einer Verletzung der Substanz des Bestandobjekts.

Der erheblich nachteilige Gebrauch im engeren Sinne setzt sohin neben einem in der Natur dieses Auflösungsgrundes liegenden erheblichen Nachteils für den Bestandgeber auch eine vertragswidrige Benützung der Bestandsache durch den Bestandnehmer voraus.[185]

Ein nachteiliger Gebrauch liegt sowohl bei (drohender) Schädigung der Substanz des Bestandgegenstandes als auch dann vor, wenn sich der Bestandnehmer eines Verhaltens schuldig macht, das geeignet ist, den Ruf oder sonstige Interessen des Bestandgebers zu schädigen.

Unabhängig davon, um welchen der beiden Fälle es sich handelt, kommt es nicht darauf an, dass eine Substanzschädigung oder eine sonstige Beeinträchtigung wichtiger Interessen des Bestandgebers bereits eingetreten ist.

Grundsätzlich wird ein länger dauerndes vertragswidriges Verhalten gefordert. Wenn jedoch ein einzelner Vorfall zu einer gravierenden Beeinträchtigung geführt hat und dies dem Bestandnehmer erkennbar war, soll auch ein einzelner Vorfall bereits ausreichend sein.[186]

Es handelt sich stets um eine Einzelfallbeurteilung, ob überhaupt ein erheblich nachteiliger Gebrauch vorliegt oder nicht.[187] Ein Verschulden des Bestandnehmers wird nicht vorausgesetzt, allerdings hätte diesem die Vertragswidrigkeit seines Verhaltens zumindest bewusst sein können. In diesem Zusammenhang wird auf den durchschnittlichen Bestandnehmer abgestellt.[188]

---

[184] RIS-Justiz RS0020956.
[185] MietSlg 49.150.
[186] *Lovrek* in *Rummel/Lukas,* ABGB[4] § 1118 Rz 48 (Stand 1.5.2017, rdb.at) Rz 48 f.
[187] RIS-Justiz RS0068103.
[188] RIS-Justiz: RS0020867.

In nachstehenden Fällen wurde von der Rechtsprechung der erhebliche nachteilige Gebrauch bejaht:

- übermäßige Tierhaltung, die zu einer Verunreinigung des Bestandgegenstandes oder einer Geruchsbelästigung führt;[189]
- Verwahrlosung des Bestandobjekts in Verbindung einer erheblichen Brand- oder Ungeziefergefahr durch Lagerung von Unrat;[190]
- unsachgemäße Installation einer Badewanne oder Dusche ohne Beiziehung von befugten Gewerbsleuten, sofern der Bestandnehmer bei Auftreten von Schäden nicht sogleich Abhilfe schafft;[191]
- sorgloser Umgang mit Wasser, wenn das Risiko von Wasserschäden besteht;[192]
- Vertragswidrige Umwidmung eines Bestandgegenstands, sofern wesentliche Interessen des Bestandgebers beeinträchtigt werden;[193]
- das Ignorieren feuerpolizeilicher Bescheide.[194]

**Zweiter Fall (unleidliches Verhalten)**

Verleiden der Bestandnehmer oder ihm zurechenbare Personen durch rücksichtsloses, anstößiges oder anderweitig grob ungehöriges Verhalten das friedliche Zusammenleben der Mitbewohner, kann dies den Auflösungsgrund des § 30 Abs 2 Z 3 MRG zweiter Fall erfüllen.

Grundsätzlich bedarf es zur Verwirklichung dieses Auflösungstatbestandes eines länger andauernden oder sich häufig wiederholenden Verhaltens. Bei besonders schwerwiegenden Fällen kann jedoch auch ein einzelner Vorfall ausreichend sein, sofern dieser derart schwerwiegend ist, dass er das Maß des Zumutbaren überschreitet und objektiv geeignet ist, auch nur einem Mitbewohner das Zusammenleben zu verleiden.[195]

Es handelt sich jedoch abermals um eine Einzelfallbetrachtung und ist insbesondere das Gesamtverhalten des Bestandnehmers maßgebend.[196]

---

[189] MietSlg 41.134.
[190] RIS-Justiz RS0068211.
[191] 3 Ob 150/21m.
[192] 6 Ob 16/15 v.
[193] MietSlg 41.134.
[194] MietSlg 46.153.
[195] MietSlg 54.336.
[196] MietSlg 57.355; MietSlg 56.358.

Bei der Beurteilung der Frage, ob das Verhalten eines Bestandnehmers rücksichtslos, anstößig oder sonst grob ungehörig ist und den Mitbewohnern das Zusammenwohnen verleidet wird, kommt den örtlichen und persönlichen Verhältnissen der Beteiligten und den im Hause gewohnten Umgangsformen entscheidende Bedeutung zu. Es kommt sohin insbesondere darauf an, was nach den im betreffenden Haus üblichen Verhältnissen noch als zulässig angesehen werden kann.[197]

Nicht notwendig ist es jedoch, dass sich das gesamte Haus durch das inkriminierte Verhalten „belästigt" fühlt. So kann es beispielsweise auch ausreichen, wenn sich lediglich ein Mitbewohner gestört fühlt.[198]

Streitigkeiten in Hausgemeinschaften kommen häufiger vor; ein unleidliches Verhalten kann jedoch nicht damit gerechtfertigt werden, dass andere Bestandnehmer dieses Verhalten unter Umständen provoziert haben. Der Auflösungsgrund des unleidlichen Verhaltens schützt nämlich nicht nur den ruhigen Bestandnehmer gegen den sich unleidlich Verhaltenden, sondern vielmehr auch das wichtige Interesse des Bestandgebers, in seinem Haus Ruhe und Ordnung zu wahren.[199]

Obwohl zwar, wie bereits erwähnt, der im Haus herrschende Umgangston bei der Würdigung des Gesamtverhaltens eine Rolle spielt, steht dem Bestandgeber dennoch das Recht zu, selbst nur einen störenden Bestandnehmer zu kündigen bzw diesem gegenüber die Auflösung zu erklären.[200]

In nachstehenden Fällen wurde von der Rechtsprechung das unleidliche Verhalten bejaht:

- Versprühen von übelriechenden Substanzen als Reaktion auf Zigarettenrauch im Haus;[201]
- jahrelange lautstarke und aggressive Vorwürfe als Reaktion auf eine Lärmbelästigung aus der Nachbarwohnung;[202]

---

[197] RS0067693.

[198] MietSlg 57.355.

[199] MietSlg 63.354.

[200] MietSlg 37.414.

[201] 9 Ob 510/94.

[202] MietSlg 58.302.

- rassistische Beschimpfungen;[203]
- einmalige, jedoch schwerwiegende Vorfälle wie Anspucken und Beschimpfen.[204]

Insbesondere relevant in diesem Zusammenhang ist, dass es auf ein Verschulden des Bestandnehmers nicht ankommt. Selbst wenn dieser besonders alt ist oder an einer psychischen Krankheit leidet, entschuldigt dies ein unleidliches Verhalten nicht.[205]

Es ist allerdings, insbesondere wenn es sich um eine psychisch beeinträchtigte Person handelt, eine Interessensabwägung vorzunehmen. Zwar stellt eine Beeinträchtigung keinen „Freibrief" für unleidliches Verhalten dar, es ist jedoch ein weniger strenger Maßstab anzulegen.[206]

**PRAXISTIPP**

In diesem Zusammenhang ist weiters zu beachten, dass dem Verhalten des Bestandnehmers auch jenes seiner Mitbewohner oder Gäste und Kunden gleichgestellt wird. Den Bestandnehmer trifft sodann die Behauptungs- und Beweislast dafür, dass es ihm nicht möglich war Abhilfe zu schaffen.[207]

#### 4.3.1.3. § 1118 zweiter Fall – qualifizierter Mietzinsrückstand

Der Auflösungsgrund des qualifizierten Mietzinsrückstands stellt in der Praxis den häufigsten Grund für den Bestandgeber dar, das Vertragsverhältnis mit dem Bestandnehmer zu beenden. Der Bestandgeber kann gemäß § 1118 zweiter Fall die Auflösung des Bestandverhältnisses verlangen, wenn der Bestandnehmer trotz Einmahnung mit der Bezahlung des Bestandzinses derart säumig ist, dass er mit Ablauf des Termins den rückständigen Bestandzins nicht vollständig entrichtet hat.

Der Zinsrückstand ist qualifiziert, wenn der Bestandnehmer den fälligen, gesetzlich zulässig oder gesetzlich gültig vereinbarten Zins trotz gehöriger

[203] 5 Ob 76/15k.
[204] 7 Ob 113/10h; RS0070303.
[205] MietSlg 59.305; MietSlg 29.316; MietSlg 48.337.
[206] MietSlg 55.353.
[207] MietSlg 38.444.

Mahnung und Nachfristgewährung bis zum darauffolgenden Zinsfälligkeitstermin nicht vollständig geleistet hat.

**Zeitliche Abfolge**

Es ergibt sicher daher nachstehende zeitliche Abfolge:

1. Zinsrückstand,
2. Mahnung,
3. Nachfristgewährung,
4. Ablauf der Nachfrist,
5. Verstreichen des nächsten Zinstermins,
6. Auflösungserklärung.

Zumal § 1118 ABGB dispositives Recht darstellt (siehe Kapitel 4.3.1.), kann von dieser zeitlichen Abfolge, sofern nicht zwingende Regeln des Kündigungsschutzes entgegenstehen, abgewichen werden. So kann etwa das Recht zur Vertragsauflösung schon für den Fall des schlichten Verzugs mit der Zahlung des Bestandzinses vereinbart werden, ohne dass ein qualifizierter Bestandzinsrückstand vorliegen müsste.[208]

**Begriff des Bestandzinses**

Nicht nur der Hauptbestandzins, sondern auch die Umsatzsteuer, Wertsicherungsbeträge, Betriebskosten, Strom- und Heizkosten, Erhaltungs- und Verbesserungsbeiträge fallen unter den Begriff des Bestandzinses iSd § 1118 ABGB. Verzugszinsen, Kosten, Spesen einer Rücküberweisung und die vom Bestandnehmer zu leistende Kaution stellen hingegen keine Zinsbestandteile dar.[209]

**Mahnung**

Für die Mahnung ist keine bestimmte Form vorgesehen; sie hat allerdings den Zinsrückstand hinreichend zu konkretisieren.

Vor dem Hintergrund, dass der Bestandgeber für das Vorliegen des qualifizierten Mietzinsrückstands beweispflichtig ist, empfiehlt sich jedenfalls die Schriftlichkeit oder gar die Versendung des Mahnschreibens mittels eingeschriebenen Briefs.

[208] *Höllwerth* in GeKo Wohnrecht I § 1118 ABGB (Stand 1.10.2017, rdb.at) Rz 63.
[209] *Höllwerth* in GeKo Wohnrecht I § 1118 ABGB (Stand 1.10.2017, rdb.at) Rz 65.

Weiters ist es ratsam, bereits bei der Abfertigung des Mahnschreibens darauf zu achten, dass dieses bei einer Mehrzahl von Bestandnehmern allen Schuldnern zugestellt wird. Dies zumal Voraussetzung für den Erfolg einer Räumungsklage gegen mehrere Mitmieter die Einmahnung des rückständigen Bestandzinses gegenüber allen Mitmietern ist.[210]

Die Mahnung kann auch erst durch Einbringung einer Mietzinsklage oder durch Geltendmachung des Räumungsanspruchs erfolgen.[211] In diesem Fall gilt sie erst mit der wirksamen Zustellung der Klage als vollzogen. Die Aufhebungserklärung selbst liegt sodann in der Aufrechterhaltung des Räumungsbegehrens. An dieser Stelle sei jedoch erwähnt, dass das Räumungsbegehren im Zeitpunkt der Zustellung der Klage an den Bestandnehmer noch nicht berechtigt war. Zinsrückstände können ein Räumungsbegehren nur dann rechtfertigen, wenn sie zu irgendeinem Zeitpunkt des erstinstanzlichen Verfahrens qualifiziert waren und der Bestandnehmer nach der Mahnung mit der rückständigen Zinsschuld für eine vorangegangene Periode länger als bis zum nächsten Zinstermin säumig ist.

**PRAXISTIPP: KLAGSFÜHRUNG OHNE GESONDERTE VORHERIGE EINMAHNUNG**

Von einer die Mahnung ersetzenden Klage, sei es eine Mahnklage oder auch eine Mietzins- und Räumungsklage (siehe Kapitel 3.), ist grundsätzlich abzuraten.

Zahlt nämlich der Bestandnehmer den in der Klage behaupteten Zinsrückstand binnen angemessener Frist nach Erhalt der Klage vollständig nach, ist die Klage mangels Vorliegens eines qualifizierten Rückstands kostenpflichtig abzuweisen.

### Nachfristsetzung

Zwar muss die gesetzte Nachfrist nicht zwingend in dem Mahnschreiben aufscheinen und vom Bestandgeber auch nicht ausdrücklich gesetzt, sondern lediglich gewährt werden, dennoch ist diese Vorgehensweise nicht empfehlenswert.[212]

---

210 MietSlg 58.147; RS0017291; MietSlg 63.176 mwN.

211 *Pesek* in *Schwimann/Neumayr* (Hrsg), ABGB Taschenkommentar[5] (2020) zu § 1118 ABGB Rz 14 mwN.

212 *Höllwerth* in GeKo Wohnrecht I § 1118 ABGB Rz 81 (Stand 1.10.2017, rdb.at) Rz 81.

Bei der Erstellung des Mahnschreibens ist zudem darauf zu achten, die Nachfrist nicht allzu kurz anzusetzen. Dem Bestandnehmer ist zwischen Erhalt der Mahnung und dem nächsten Zinstermin eine angemessene Nachfrist einzuräumen. Die Rechtsprechung lässt eine Frist von 8 Tagen genügen.[213]

Empfehlenswert sind grundsätzlich jedoch 14 Tage.

## MUSTERFORMULIERUNG MAHNSCHREIBEN

### EINSCHREIBEN

*(Um den Zugang des Mahnschreibens zu gewährleisten, empfehlen wir die Übermittlung mittels eingeschriebenen Briefs.)*

*[Vorname, Name des Schuldners] (Sofern eine Mehrheit von Bestandnehmern vorhanden ist, ist das Mahnschreiben sämtlichen Bestandnehmern zuzustellen.)*

*[Anschrift Schuldner]*

*[Ort, Datum]*

**Betreff: *[Ort], [Straße/Hausnummer/Top Bestandgegenstand]* – Mietzinsrückstand**

Sehr geehrte *[Bestandnehmer]*!

Sie schulden *[mir/uns]* im Zusammenhang mit dem Mietobjekt Top *[Top Nr]* auf der ob genannten Liegenschaft an offenem Mietzins laut beiliegender Aufstellung per *[Datum]* insgesamt EUR *[Betrag]. (Die Übermittlung eines Auszuges des Mietenkontos ist empfehlenswert, zumal der Rückstand in der Mahnung hinreichend genau angegeben werden muss, nicht ausreichend ist beispielsweise die reine Übermittlung eines Zahlscheines.)*

*[Ich/Wir]* fordern Sie auf, den offenen Rückstand in Höhe von EUR *[Betrag]* bis zum *[Datum] (14–16 Tage nach Abfertigung des Mahnschreibens, zu beachten sind auch die Tage des Postlaufs)* auf das Ihnen bekannte Konto *[Bankverbindung Bestandgeber]* zu überweisen, widrigenfalls Mietzins- und Räumungsklage gegen Sie eingebracht wird.

---

[213] *Lovrek* in *Rummel/Lukas,* ABGB[4] § 1118 Rz 95 (Stand 1.5.2017, rdb.at) Rz 95; *Höllwerth* in GeKo Wohnrecht I § 1118 ABGB Rz 81 (Stand 1.10.2017, rdb.at) Rz 81.

#### 4.3.1.3.1. Auflösungserklärung

Bei der Auflösungserklärung handelt es sich um eine einseitige und empfangsbedürftige Willenserklärung, welche mit ihrem Zugang an den Bestandnehmer wirksam wird und das Bestandverhältnis ungeachtet einer allfällig vereinbarten Befristung und ohne Einhaltung von Kündigungsfrist und -termin mit sofortiger Wirkung ex nunc beendet.[214]

Eine Übermittlung der Auflösungserklärung mittels eingeschriebenen Briefes ist sohin empfehlenswert. Wie auch bei der Mahnung ist darauf zu achten, dass die Auflösungserklärung gegenüber allen Bestandnehmern abgegeben wird.

Die Auflösungserklärung kann außergerichtlich oder gerichtlich in der Räumungsklage erfolgen. Auch wenn die Auflösungserklärung gerichtlich abgegeben wird, tritt die Auflösung des Bestandverhältnisses bereits mit der Zustellung der Klage ein.[215]

Für eine gerichtliche Auflösungserklärung spricht, dass das ZustG Anwendung findet. Gegen eine gerichtliche Auflösungserklärung spricht wiederum, dass die Auflösungserklärung nicht wirksam werden kann, sofern der Bestandnehmer noch vor ihrer Zustellung den Mietzinsrückstand begleicht.

Anders als im Kündigungsverfahren nach § 33 MRG gilt hier nicht die Eventualmaxime. Das bedeutet, dass nachträglich entstandene Auflösungsgründe auch in einem bereits anhängigen Verfahren im Wege einer Klageänderung geltend gemacht werden können.

### MUSTERFORMULIERUNG AUFLÖSUNGSERKLÄRUNG

Aufgrund des *[erheblich nachteiligen Gebrauchs/qualifizierten Bestandzinsrückstands in Höhe von EUR …/der Neuaufführung des Gebäudes]* erkläre ich die **sofortige Auflösung des Bestandverhältnisses gemäß § 1118 ABGB**. Sie werden aufgefordert, das Bestandobjekt in vertragsgemäßen Zustand bis längstens *[Datum]* zurückzustellen.

[214] *Höllwerth* in GeKo Wohnrecht I § 1118 ABGB (Stand 1.10.2017) Rz 83 mwN.

[215] OGH 7 Ob 538/89 MietSlg 41.133.

#### 4.3.1.5. § 1118 dritter Fall – Neuaufführung des Gebäudes

Der dritte Fall des § 1118 ABGB sieht vor, dass der Bestandgeber die frühere Aufhebung des Bestandvertrages begehren kann, wenn das Gebäude, in welchem der Bestandgegenstand liegt, neu aufgeführt werden muss.

Voraussetzung für die wirksame Auflösung ist, dass sich das Gebäude technisch und wirtschaftlich wiederherstellen lässt. Trifft dies nicht zu, ist das Bestandobjekt rechtlich untergegangen und das Bestandverhältnis nach § 1112 ABGB ipso iure erloschen.

Sofern lediglich Teile eines Hauses oder des Bestandobjekts erneuert werden, liegt keine Neuaufführung vor und ist eine Auflösung aus diesem Grunde nicht gerechtfertigt (wenn zB nur der Boden und die Decke einer Wohnung erneuert werden).

Auch verwirklicht ein rechtskräftiger Auftrag der Baubehörde zur Räumung eines einsturzgefährdeten Hauses den Auflösungsgrund der Neuaufführung des Gebäudes.[216]

### 4.3.2. Kündigungsgründe im Anwendungsbereich des MRG

**Allgemeines**

Die Kündigungsgründe sind in § 30 Abs 2 Z 1 bis 16 MRG geregelt. Für die Beurteilung des Kündigungsgrundes kommt es auf die Verhältnisse zum Zeitpunkt der Zustellung der Kündigung an; zu diesem Zeitpunkt müssen sämtliche Tatbestandsvoraussetzungen gegeben sein.[217]

Gemäß § 33 Abs 1 MRG kann der Bestandgeber sowohl im Vollanwendungs- als auch im Teilanwendungsbereich nur gerichtlich aufkündigen (siehe Kapitel 3.2.2.1.). Dem Bestandnehmer steht es hingegen offen, die Kündigung wahlweise gerichtlich oder außergerichtlich auszusprechen. Neben dem Erfordernis, dass der Bestandgeber lediglich gerichtlich aufkündigen kann, benötigt dieser auch stets einen wichtigen Grund iSd § 30 MRG.

§ 30 MRG enthält in dessen Abs 1 eine Generalklausel und in Abs 2 Spezialtatbestände, welche zur Kündigung berechtigen.

---

216 *Höllwerth* in GeKo Wohnrecht I § 1118 ABGB (Stand 1.10.2017, rdb.at) Rz 90 ff.

217 RIS-Justiz RS0070282.

Auf den nachfolgenden Seiten werden die in der Praxis relevantesten Kündigungsgründe beschrieben. Die Darlegung aller Kündigungsgründe und der zu ihnen ergangenen umfassenden Rechtsprechung würde den Rahmen dieses Buches sprengen.

#### 4.3.2.1. Qualifizierter Mietzinsrückstand (§ 30 Abs 2 Z 1)

Der Kündigungsgrund des § 30 Abs 2 Z 1 ist verwirklicht, sofern

- im Zeitpunkt der Zustellung der Klage ein Mietzinsrückstand besteht,
- der Mietzinsrückstand mindestens acht Tage fällig war und
- der Bestandnehmer entsprechend gemahnt wurde.

Liegt zum Zeitpunkt der Zustellung der Aufkündigung aufgrund einer zwischenzeitlichen Zahlung kein Mietzinsrückstand mehr vor, gilt die Aufkündigung gemäß herrschender Rechtsprechung von Beginn an als unberechtigt.[218]

Dies führt auch dazu, dass der klagende Vermieter gemäß § 41 ZPO zur Tragung der Kosten verpflichtet ist. Eine Anwendung der Kostenregelung nach § 33 ZPO ist ausgeschlossen, da diese zum Zeitpunkt der Zustellung der Aufkündigung einen bestehenden Mietzinsrückstand voraussetzt.[219]

Zur Beurteilung, was unter den Begriff des Mietzinses fällt, kann die zu § 1118 ABGB ergangene Rechtsprechung zu § 1118 Fall 2 ABGB herangezogen werden (vgl dazu 4.3.1.3.).

**PRAXISTIPP**

Im Gegensatz zu dem Auflösungstatbestand des § 1118 Fall 2 ABGB kann im Anwendungsbereich des MRG die Mahnung nicht durch die Zustellung der Aufkündigung ersetzt werden.[220]

Eine erfolgreiche Kündigung aufgrund eines qualifiziertes Mietzinsrückstands gemäß § 30 Abs 2 Z 1 erfordert sohin eine zuvor abgefertigte Mahnung (samt Setzung einer entsprechenden Nachfrist).

---

[218] Vgl 8 Ob 115/15t.

[219] LGZ Wien 41 R 836/90; MietSlg 43.284.

[220] MietSlg 72.299.

Der Fälligkeitszeitpunkt des Mietzinses bestimmt sich in erster Linie nach der Parteienvereinbarung, wobei im Vollanwendungsbereich § 15 Abs 3 MRG zu beachten ist, wonach der Bestandnehmer den Mietzins, sofern kein späterer Zahlungstermin vereinbart ist, am Fünften eines jeden Kalendermonats im Vorhinein zu leisten hat.[221]

Hervorzuheben ist, dass die in ständiger Rechtsprechung zu § 1118 ABGB vertretene Auffassung, dass eine Mahnung durch die Zustellung der Klage ersetzt werden kann, nicht für die Aufkündigung gilt.[222]

In der Mahnung ist der Mietzinsrückstand hinreichend bestimmt anzugeben, wobei – selbst wenn nach der Rechtsprechung unter Umständen die Angabe des Saldos genügen kann – empfohlen wird, den Mietzinsrückstand nach den jeweiligen Mietzinsperioden aufzuschlüsseln.[223]

In der Praxis wird im Fall eines Mietzinsrückstands meist die Einbringung einer Mietzins- und Räumungsklage gewählt. Diese erfordert keine eigenständige Mahnung. Ein weiterer Vorteil ist, dass das Zahlungsbegehren auch während des laufenden Verfahrens auf in der Zwischenzeit weitere fällig gewordene Mietzinse ausgedehnt werden kann. Eine Ausdehnung der Mietzinse im Kündigungsverfahren ist hingegen nicht möglich.[224]

#### 4.3.2.2. Erheblich nachteiliger Gebrauch (§ 30 Abs 2 Z 3)

Der Kündigungsgrund nachteiliger Gebrauch iSd § 30 Abs 2 Z 3 MRG enthält folgende drei Kündigungstatbestände:

- nachteiliger Gebrauch im engeren Sinn (erster Fall),
- unleidliches Verhalten (zweiter Fall),
- strafbare Handlung (dritter Fall).

**Nachteiliger Gebrauch im engeren Sinn und unleidliches Verhalten**

Die ersten beiden Fälle dieses Kündigungsgrundes entsprechen den Auflösungstatbeständen des § 1118 ABGB, weshalb somit auf das Kapitel 4.3.1. verwiesen wird.

---

[221] *Illedits* in *Illedits* (Hrsg), Wohnrecht⁴ (2022) § 30 MRG Rz 12.

[222] *Lovrek* in GeKo Wohnrecht I § 30 MRG (2017) Rz 34.

[223] OGH 8 Ob 47/03z = wobl 2005/30.

[224] *Illedits* in *Illedits* (Hrsg), Wohnrecht⁴ (2022) § 30 MRG Rz 16.

Lediglich in Bezug auf den Beurteilungszeitpunkt wird im Anwendungsbereich des MRG von der Rechtsprechung differenziert. Bei den Auflösungstatbeständen des § 1118 Fall 1 ABGB wird ausschließlich auf den Zugang der Auflösungserklärung geblickt. Nachträgliche Änderungen, die beispielsweise in einer Besserung des Verhaltens des Bestandnehmers bestehen können, werden außer Acht gelassen.

Solche Verhaltensänderungen des Bestandnehmers sollen nach Zustellung der Aufkündigung jedoch nur dann relevant sein, wenn sie im Rahmen einer Zukunftsprognose den Rückschluss erlauben, dass bereits zum Zustellzeitpunkt eine Besserung des Verhaltens absehbar war.[225]

**Strafbare Handlung**

Für die Verwirklichung des Kündigungsgrundes des dritten Falls der Z 3 bedarf es einer mit Strafe bedrohten Handlung des Bestandnehmers gegen das Eigentum, die Sittlichkeit oder die körperliche Sicherheit des Bestandgebers oder einer im Haus wohnenden Person. Nicht erforderlich ist hingegen eine negative Zukunftsprognose; der Kündigungsgrund wird bereits durch die strafbare Handlung verwirklicht.[226]

Auch ist eine strafrechtliche Verurteilung keine Voraussetzung für die gerichtliche Geltendmachung dieses Kündigungsgrundes. Selbst die Einstellung des strafrechtlichen Ermittlungsverfahrens entfaltet keine Bindungswirkung im Hinblick auf die Aufkündigung, zumal in diesem Verfahren die Tatbestandsmäßigkeit des Verhaltens eigenständig zu beurteilen ist.[227]

Begeht ein Mitbewohner des Bestandnehmers die strafbare Handlung, ist der Kündigungsgrund dann nicht verwirklicht, wenn sichergestellt werden kann, dass sich das strafbare Verhalten nicht wiederholen wird. Dies kann etwa dadurch geschehen, dass der Täter die Wohnung bis auf Weiteres verlassen hat.[228]

---

[225] *Lovrek* in GeKo Wohnrecht I § 30 MRG Rz 43 (Stand 1.10.2017, rdb.at).

[226] *Illedits* in *Illedits* (Hrsg), Wohnrecht$^4$ (2022) § 30 MRG Rz 60 mwN.

[227] *Lovrek* in GeKo Wohnrecht I § 30 MRG Rz 68 (Stand 1.10.2017, rdb.at).

[228] *Lovrek* in GeKo Wohnrecht I § 30 MRG Rz 70 (Stand 1.10.2017, rdb.at).

### 4.3.2.3. Weitergabe des Mietgegenstandes (§ 30 Abs 2 Z 4)

Der Kündigungsgrund des § 30 Abs 2 Z 4 MRG findet sowohl auf Wohnungen als auch auf Geschäftsräumlichkeiten Anwendung und enthält zwei Tatbestände, nämlich

- die gänzliche Weitergabe des Bestandgegenstandes sowie
- die auch bloß teilweise Weitergabe des Bestandgegenstands gegen unverhältnismäßiges Entgelt,

wobei in der Klage angegeben werden muss, welcher von beiden Kündigungstatbeständen geltend gemacht wird.[229]

**PRAXISTIPP**

Sofern der Kündigungstatbestand der Z 4 geltend gemacht werden soll, ist es nicht ausreichend lediglich die Gesetzesstelle in der Aufkündigung anzugeben.

Es muss präzisiert werden, welcher Tatbestand der Z 4, sohin die gänzliche Weitergabe des Bestandgegenstandes oder die (bloß teilweise) Weitergabe des Bestandgegenstandes gegen unverhältnismäßiges Entgelt, geltend gemacht wird.

Unter Weitergabe wird grundsätzlich jede entgeltliche oder unentgeltliche Gebrauchsüberlassung verstanden. Auch Untervermietung stellt einen Fall der Weitergabe dar.[230] Die Entgeltlichkeit ist sohin denklogisch lediglich für den zweiten Tatbestand der Z 4 Voraussetzung.

Der Kündigungsgrund der Z 4 ist jedoch nicht verwirklicht, wenn sich ein Dritter ohne Wissen und Willen des Bestandnehmers des Bestandgegenstandes bemächtigt. Dieser Fall kann beispielsweise auftreten, wenn der Bestandnehmer das Bestandobjekt selbst nicht (mehr) benützt und ein Dritter dieses eigenmächtig in Besitz nimmt. In einem solchen Fall stehen jedoch die Kündigungsgründe der Z 6 oder Z 7 zur Verfügung (siehe Kapitel 4.3.2.5. f).[231]

---

229 *Lovrek* in GeKo Wohnrecht I § 30 MRG (2017) Rz 71.

230 OGH 5 Ob 209/08h.

231 *Lovrek* in GeKo Wohnrecht I § 30 MRG Rz 73 (Stand 1.10.2017, rdb.at).

**Erteilte Zustimmung zur Untervermietung**

Häufig wird in Bestandverträgen eine, zumindest teilweise, Zustimmung zur Untervermietung erteilt. Doch selbst diese Zustimmung hindert den Bestandgeber nicht an der Geltendmachung des Kündigungsgrundes der Z 4 zur gänzlichen Weitergabe. Dies, zumal die Gestattung der Untervermietung für sich allein dem Bestandnehmer noch nicht das Recht erteilt, aus der Untervermietung einen unverhältnismäßig hohen Vorteil zu ziehen.[232]

Wurde vom Bestandgeber – etwa gegen Entgelt – der Untervermietung zugestimmt und ist diese Zustimmung als unabhängig von der Höhe des Untermietzinses zu verstehen, so ist eine Kündigung gemäß Z 4 zweiter Fall ausgeschlossen. Ebenfalls kann ein stillschweigender Ausschluss des Kündigungsgrundes nach Z 4 zweiter Fall angenommen werden, wenn der Bestandnehmer das Bestandobjekt mit Wissen und Zustimmung des Bestandgebers ausdrücklich in der Absicht angemietet hat, aus der Untervermietung Einkünfte zu erzielen.

Eine vertragliche Zustimmung des Bestandgebers zur Weitergabe – sei sie ausdrücklich oder durch schlüssiges Verhalten erteilt – steht einer Kündigung nach Z 4 sohin entgegen.[233]

## PRAXISTIPP: UNTERMIETVERBOTE IM ANWENDUNGSBEREICH DES MRG

Im Anwendungsbereich des MRG gilt grundsätzlich, dass sich der Bestandnehmer lediglich dann auf ein vertragliches Verbot der Untervermietung berufen kann, wenn ein wichtiger Grund gegen die Untervermietung vorliegt (§ 11 Abs 1 MRG).

Als wichtige Gründe, die gegen eine Untervermietung sprechen, führt § 11 Abs 1 MRG folgende an:

- gänzliche Untervermietung des Bestandgegenstandes,
- unverhältnismäßig hohe Gegenleistung im Vergleich zum Hauptmietzins,
- die Anzahl der Bewohner der Wohnung würde die Anzahl der Wohnräume übersteigen (und hierdurch eine Überbelegung bewirken),
- Grund zur Annahme, dass der Untermieter den Hausfrieden stören würde.

---

232 RS0070583; MietSlg 70.342.

233 *Illedits* in *Illedits* (Hrsg), Wohnrecht[4] (2022) § 30 MRG Rz 70.

Sofern das Bestandverhältnis dem ABGB unterliegt, können Untermietverbote generell wirksam vereinbart werden.

**Gänzliche Weitergabe (§ 30 Abs 2 Z 4 1. Fall)**

Voraussetzung der Geltendmachung dieses Kündigungstatbestandes sind

- die gänzliche Weitergabe des Bestandgegenstandes sowie
- das Fehlen eines dringenden Bedarfs des Bestandnehmers.

Die Beweislast dafür, dass der Bestandgegenstand zur Gänze weitergegeben wurde, trifft grundsätzlich den Bestandgeber.

Solange der Bestandnehmer jedoch das Bestandobjekt mit einer gewissen Regelmäßigkeit selbst nutzt, liegt keine gänzliche Weitergabe vor.[234] Abgestellt wird sohin darauf, dass der Bestandgegenstand tatsächlich durch den ursprünglichen Bestandnehmer verlassen wurde und ein Dritter diesen, ohne dass es zu einer Änderung der Parteien des Bestandverhältnisses gekommen ist, übernommen hat.[235]

Insbesondere relevant in diesem Zusammenhang ist, dass eine Weitergabe der Wohnung an eintrittsberechtigte Personen nach § 14 Abs 3 MRG den Kündigungsgrund nicht verwirklicht.[236] Die eintrittsberechtigte Person muss in diesem Fall sowohl dem Personenkreis des § 14 Abs 3 MRG angehören, als auch ein dringendes Wohnbedürfnis an der Wohnung haben. Es wird sohin darauf abgestellt, ob die betreffende Person eintrittsberechtigt wäre, wenn der Bestandnehmer im maßgeblichen Zeitpunkt der Weitergabe verstorben wäre.[237]

In gewissen Konstellationen verwirklicht bereits die teilweise Weitergabe den Kündigungstatbestand der Z 4 1. Fall, und zwar dann, wenn der verbleibende Teil des Bestandgegenstandes nicht mehr regelmäßig zur Befriedigung des Wohnbedürfnisses verwendet wird. Die Beurteilung, ob der Bestandnehmer bzw ein Eintrittsberechtigter die nicht weitergegebenen Teile regelmäßig

---

234 RS0068823.

235 *Höllwerth* in *Hausmann/Vonkilch* (Hrsg), Kommentar Österreichisches Wohnrecht – MRG[4] (2021) zu § 30 MRG Rz 39c.

236 MietSlg 56.369.

237 *Lovrek* in GeKo Wohnrecht I § 30 MRG Rz 84 (Stand 1.10.2017, rdb.at).

verwenden, erfolgt nach den zu § 30 Abs 2 Z 6 entwickelten Kriterien (siehe Kapitel 4.3.2.5.).[238]

**Unverhältnismäßig hohe Gegenleistung ((§ 30 Abs 2 Z 4 2. Fall)**
Der zweite Fall des § 30 Abs 2 Z 4 MRG betrifft die (auch teilweise) Untervermietung einer Wohnung gegen ein überhöhtes Entgelt. Wird ein überhöhtes Entgelt verlangt, ist der Kündigungsgrund für das gesamte Bestandobjekt erfüllt. Ziel der Regelung ist es zu verhindern, dass der Hauptmieter durch Ausnutzung des Mieterschutzes einen unberechtigten Gewinn erzielt.

Bei der Beurteilung, ob das Entgelt überhöht ist, wird die Zahlung des Untermieters mit dem vom Hauptmieter zu zahlenden Mietzins (inklusive Betriebskosten, Umsatzsteuer, Erhaltungsbeitrag) und allen sonstigen Leistungen des Hauptmieters verglichen. Dazu zählen auch Entgelte für mitvermietete Einrichtungsgegenstände und Investitionen des Hauptmieters, die dem Untermieter zugutekommen. Umgekehrt werden Leistungen des Untermieters wie Reinigungsarbeiten, Einmalzahlungen oder Investitionen, die auch dem Hauptmieter nützen, dem Untermietzins hinzugerechnet.[239]

Der maßgebliche Zeitpunkt für die Beurteilung der Unverhältnismäßigkeit ist die Zustellung der Kündigung.[240]

Hinsichtlich der Höhe des Untermietzinses kommt es auf § 26 MRG nicht an. Überschreitungen von 100 % werden regelmäßig als unverhältnismäßig angesehen. Hingegen werden Überschreitungen bis zu 70 % teilweise als tolerierbar angesehen. Grundsätzlich wird die Unverhältnismäßigkeit jedoch immer einzelfallbezogen beurteilt.[241]

### 4.3.2.4. Tod des Bestandnehmers (§ 30 Abs 2 Z 5)

Bei Vorliegen der Voraussetzungen des § 14 MRG kommt es ex lege zur Sonderrechtsnachfolge, nach welcher die eintrittsberechtigte Person Bestandnehmer wird, sofern der ursprüngliche Bestandnehmer verstirbt.

---

238 *Lovrek* in GeKo Wohnrecht I § 30 MRG Rz 76 (Stand 1.10.2017, rdb.at).

239 *Lovrek* in GeKo Wohnrecht I § 30 MRG Rz 91 (Stand 1.10.2017, rdb.at).

240 MietSlg 59.31.

241 *Würth/Zingher/Kovanyi,* Miet- und Wohnrecht[23] MRG § 30 Rz 36 (Stand: 1.4.2015, rdb.at) mwN.

Fehlt es jedoch an eintrittsberechtigten Personen oder wollen diese das Bestandverhältnis ohnehin nicht fortsetzen, wird dieses zunächst mit der Verlassenschaft und sodann nach Einantwortung mit den Erben fortgesetzt. Für diesen Fall sieht Z 5 ein besonderes Kündigungsrecht vor, sofern keine eintrittsberechtigten Personen vorhanden sind oder diese nicht eintreten wollen.[242]

Die Beweislast für alle Voraussetzungen des Eintrittsrechts (Personenkreis, gemeinsamer Haushalt, dringendes Wohnbedürfnis) liegt beim Bestandnehmer.[243]

Ein dringendes Wohnbedürfnis des Eintrittsberechtigten liegt dann nicht vor, wenn dieser über eine andere Wohnung mit befristetem Mietvertrag verfügt, der noch mindestens vier Jahre läuft, oder wenn eine andere ausreichende und gleichwertige Wohngelegenheit besteht. Die tatsächliche Gleichwertigkeit muss jedoch nicht geprüft werden.[244]

Der Bestandgeber kann auf den Kündigungsgrund verzichten, etwa durch Akzeptieren einer bestimmten Nutzung der Wohnung durch den Bestandnehmer. Der Tod eines Mitmieters führt lediglich dann zur Kündigung, wenn gegenüber den verbleibenden Mitmietern andere Kündigungsgründe bestehen.

Schließlich schließt auch das Fehlen der Voraussetzungen des Kündigungsgrundes der Z 5 nicht aus, dass auch andere Kündigungsgründe gegen die Verlassenschaft geltend gemacht werden können.[245]

#### 4.3.2.5. Nichtbenützung der Wohnung (§ 30 Abs 2 Z 6)

Der Kündigungsgrund des § 30 Abs 2 Z 6 MRG findet ausschließlich auf Wohnungen Anwendung und setzt voraus, dass

- die Wohnung nicht regelmäßig verwendet wird und
- der Bestandnehmer oder eine eintrittsberechtigte Person kein dringendes Wohnbedürfnis haben.

[242] *Höllwerth* in *Hausmann/Vonkilch* (Hrsg), Kommentar Österreichisches Wohnrecht – MRG$^4$ (2021) zu § 30 MRG Rz 47a.

[243] RS0107852.

[244] *Illedits* in *Illedits* (Hrsg), Wohnrecht$^4$ (2022) § 30 MRG Rz 103

[245] *Illedits* in *Illedits* (Hrsg), Wohnrecht$^4$ (2022) § 30 MRG Rz 105.

Für die Beurteilung der regelmäßigen Verwendung der Wohnung kommt es darauf an, ob sie während eines beachtlichen Zeitraums im Jahr den Mittelpunkt der wirtschaftlichen Tätigkeit und des Familienlebens des Bestandnehmers bildet.[246] Wirtschaftliche Tätigkeit bedeutet in diesem Zusammenhang Haushaltsführung.[247] Der Kündigungsgrund ist daher verwirklicht, wenn ein Bestandobjekt zu Wohnzwecken gemietet wurde, aber zu Geschäftszwecken verwendet wird.[248]

Dient die Wohnung etwa nur ein bis zwei Mal im Monat zu Nächtigungszwecken, wird die regelmäßige Verwendung von der Rechtsprechung verneint.[249] Ebenso liegt keine regelmäßige Verwendung vor, wenn die Wohnung lediglich als Freizeitwohnung benützt wird.[250]

Gelangt man zu dem Ergebnis, dass die Wohnung nicht regelmäßig verwendet wird, kommt es für die Verwirklichung des Kündigungsgrundes weiters darauf an, ob ein dringendes Wohnbedürfnis des Bestandnehmers oder einer eintrittsberechtigten Person iSd § 14 Abs 3 MRG gegeben ist.

Ein echtes schutzwürdiges Interesse und damit ein dringendes Wohnbedürfnis bestehen, wenn das Wohnbedürfnis des Bestandnehmers oder der eintrittsberechtigten Person nicht auf andere Weise gedeckt werden kann, weil zumindest eine der beiden die Wohnung künftig mit Sicherheit dauerhaft zu Wohnzwecken benötigt wird.[251]

#### 4.3.2.6. Nicht entsprechende Benutzung von Geschäftsräumlichkeiten (§ 30 Abs 2 Z 7)

Der Kündigungsgrund des § 30 Abs 2 Z 7 MRG betrifft ausschließlich Geschäftsräumlichkeiten und ist erfüllt, wenn der vermietete Geschäftsraum nicht zu der im Vertrag bedungenen oder einer gleichwertigen geschäftlichen Betätigung regelmäßig verwendet wird. Zudem ist das Fehlen eines schutzwürdigen Interesses des Bestandnehmers Voraussetzung.

---

246 RS0068874.

247 OGH 3 Ob 165/00m.

248 *Illedits* in *Illedits* (Hrsg), Wohnrecht$^4$ (2022) § 30 MRG Rz 109.

249 RIS-Justiz RS0079240.

250 OGH 10 Ob 46/00p; 1 Ob 77/06 i.

251 RIS-Justiz RS0068687; RS0079210; RS0070315.

Irrelevant ist es jedoch, wer die Geschäftsräumlichkeiten benutzt. Es macht sohin keinen Unterschied, ob der Bestandnehmer selbst oder etwa ein Dritter (zB ein Pächter) die Geschäftstätigkeit ausübt. Weiters kommt es nicht nur auf die Regelmäßigkeit der Tätigkeit, sondern auch auf die Intensität derselben an.[252]

Wird der Geschäftsbetrieb unterbrochen, etwa weil Renovierungen vorgenommen werden oder eine behördliche Bewilligung noch nicht erteilt wurde, trifft den Bestandnehmer die Beweislast dafür, dass die Wideraufnahme des geschäftlichen Betriebes in naher Zukunft erfolgen wird.[253]

## PRAXISTIPP: VERTRAGLICH VEREINBARTE ODER GLEICHWERTIGE GESCHÄFTLICHE TÄTIGKEIT

Die Nutzung von Geschäftsräumlichkeiten muss grundsätzlich der im Bestandvertrag vereinbarten oder zumindest einer gleichwertigen geschäftlichen Tätigkeit entsprechen. Die Beweislast dafür, dass die Geschäftsräumlichkeit wie vereinbart oder gleichwertig genutzt wird, trägt der Bestandnehmer.

Beispiele für nicht gleichwertige Nutzungen sind etwa die Umwandlung eines Damenmodengeschäfts in einen rund um die Uhr geöffneten „Spiel-Treff", die Nutzung als Tanzstudio statt als Physiotherapieinstitut, die Umwandlung in eine Disco statt einer Räumlichkeit für künstlerische Darbietungen oder die Untervermietung zu Wohnzwecken an Dritte statt der ursprünglich vereinbarten Nutzung als Kindergarten oder Vereinslokal.

Die bloße Änderung der Öffnungszeiten oder des Zielpublikums beeinträchtigt die Gleichwertigkeit hingegen jedoch nicht, ebenso wenig sind saisonale Einschränkungen der Öffnungszeiten von Relevanz.

Insgesamt ist für die Gleichwertigkeit der Nutzung entscheidend, dass die neue Tätigkeit dem Charakter und dem wirtschaftlichen Wert der ursprünglich vereinbarten Nutzung entspricht und das Interesse des Bestandgebers nicht beeinträchtigt wird.[254]

[252] *Illedits* in *Illedits* (Hrsg), Wohnrecht$^4$ (2022) § 30 MRG Rz 139 mwN.

[253] RS0070300.

[254] *Illedits* in *Illedits* (Hrsg), Wohnrecht$^4$ (2022) § 30 MRG Rz 142.

#### 4.3.2.7. Vereinbarter Kündigungsgrund (§ 30 Abs 2 Z 13)

Z 13 ermöglicht es, zusätzliche wichtige Kündigungsgründe vertraglich zu vereinbaren. Die Vereinbarung solcher Kündigungsgründe unterliegt jedoch folgenden strengen, formalen und inhaltlichen Anforderungen:

- die Vereinbarung hat **schriftlich** zu erfolgen (Unterschriftlichkeit gemäß § 886 ABGB[255]);
- der Kündigungsgrund muss bereits im Bestandvertrag **konkret bezeichnet** sein;[256]
- **Bedeutsamkeit** des Kündigungsgrundes für den Bestandgeber in dem Sinne, dass der vereinbarte Kündigungsgrund den in § 30 Abs 2 MRG aufgezählten Kündigungsgründen nahekommt.[257]

Wenngleich die Rechtsprechung teilweise verlangt, dass die Vereinbarung bereits im Bestandvertrag enthalten sein muss, ist dies unter gewissen Umständen nicht unbedingt erforderlich. Notwendig ist jedoch ein zeitlicher Zusammenhang mit dem Bestandvertrag. Es wäre sohin möglich, zeitgleich zu einem ansonsten mündlich abgeschlossenen Bestandvertrag, lediglich die Kündigungsvereinbarung schriftlich zu errichten und zu unterfertigen.[258]

Hinsichtlich der Zulässigkeit eines nach Z 13 vereinbarten Kündigungsgrundes, handelt es sich stets um eine Einzelfallbeurteilung.

Dennoch gibt es zahlreiche Judikatur, wobei nachfolgend nur ein kleiner Auszug dargestellt werden kann. Bei Vereinbarung eines Kündigungsgrundes iSd Z 13 ist sohin stets eine genaue Prüfung der aktuellen Rechtslage unumgänglich.

Beispiele aus der Rechtsprechung, in denen die Wirksamkeit einer Kündigungsvereinbarung **bejaht** wurde:

- bei Bestandverträgen über Unternehmungen bei einer bereits bei Bestandvertragsabschluss ernstlich in Erwägung gezogenen Veräußerung der Liegenschaft;[259]

---

[255] RS0068994.

[256] MietSlg 59.329.

[257] RS0070705.

[258] *Lovrek* in GeKo Wohnrecht I § 30 MRG Rz 173 (Stand 1.10.2017, rdb.at).

[259] MietSlg 42.350.

- bei Wohnungen bei Bedarf für Wohn- und Studienzwecke der Kinder;[260]
- bei Überschreitung der Sperrstunden durch einen Gastronomiebetrieb;[261]
- bei Nichtdurchführung einer vereinbarten Standardanhebung durch den Bestandnehmer (zB auf Kategorie „C").[262]

Beispiele, in denen die Wirksamkeit einer Kündigungsvereinbarung **verneint** wurde:

- bei Verstoß gegen den vereinbarten Verwendungszweck des Mietobjekts;[263]
- für den Fall der Eröffnung eines Insolvenzverfahrens;[264]
- für den Fall des Verkaufs des Hauses mangels einer konkreteren Umschreibung;[265]
- bei einem generellen Verbot der Tierhaltung ohne zusätzliches, besonderes und wichtiges Interesse (sofern durch die Tierhaltung Mitbewohner belästigt werden und ihnen das Zusammenleben verleidet wird, kann ohnehin der Kündigungsgrund des § 30 Abs 2 Z 3 MRG verwirklicht sein (siehe Kapitel 4.3.2.2.).[266]

## PRAXISTIPP: VEREINBARTE KÜNDIGUNGSGRÜNDE BEI VERBRAUCHERVERTRÄGEN

Zusätzlich ist bei Bestandverträgen mit Verbrauchern beachtlich, dass die Formulierung zugleich auch dem Transparenzgebot des § 6 Abs 3 KSchG entsprechen muss. Dem Mieter muss klar sein, welche künftigen Ereignisse zu einer Auflösung des Bestandverhältnisses führen können.[267]

---

260 MietSlg 55.385.
261 MietSlg 40.470.
262 MietSlg 60.347.
263 8 Ob 636/92 wobl 1993/70; 4 Ob 2261/96w immolex 1997/106.
264 MietSlg 50.443.
265 1 Ob 180/09s.
266 2 Ob 134/19y.
267 *Illedits* in *Illedits* (Hrsg), Wohnrecht4 (2022) § 30 MRG Rz 185.

## 4.4. Beendigung durch den Bestandnehmer

Auch der Bestandnehmer hat die Möglichkeit, das Bestandverhältnis durch Kündigung zu beenden. Hierbei ist einerseits zwischen der ordentlichen Kündigung gemäß §§ 1116 sowie 1116a ABGB außerhalb des Anwendungsbereichs des MRG sowie gemäß § 29 Abs 2 MRG im Voll- bzw Teilanwendungsbereich des MRG und andererseits der außerordentlichen Kündigung gemäß § 1117 ABGB sowie § 29 Abs 2 Z 4 MRG zu unterscheiden.

### 4.4.1. Kündigung im Anwendungsbereich des ABGB

#### 4.4.1.1. Ordentliche Kündigung (§§ 1116, 1116a ABGB)

**Form der Kündigung**

Die Kündigung des Bestandnehmers kann sowohl im Vollausnahme- als auch im Teilanwendungs- sowie Vollanwendungsbereich des MRG formfrei erfolgen, sofern nicht die Schriftfort vereinbart wurde. Es handelt sich um eine einseitige, empfangsbedürftige Willenserklärung, welche ex nunc zur Auflösung des Bestandverhältnisses führt.

Nicht notwendig ist es, eine Begründung in der Kündigung aufzunehmen.[268]

Die Wirksamkeit der Kündigung ist davon abhängig, ob diese bei dem Empfänger eingelangt ist. Es ist ausreichend, wenn die Willenserklärung in den Machtbereich des Empfängers gelangt und dieser sohin die Möglichkeit hatte, davon Kenntnis zu nehmen. Die Beweislast für den Zugang trägt der Bestandnehmer.[269]

Wenngleich die Kündigung lediglich empfangsbedürftig und somit nicht annahmebedürftig ist, empfiehlt es sich freilich, das Kündigungsschreiben mittels eingeschriebenen Briefs abzufertigen, sodass der Nachweis des Zugangs im Streitfall leichter erbracht werden kann.

268 MietSlg 45.132.

269 MietSlg 34.247.

### PRAXISTIPP: VERTRAGLICH VEREINBARTE FORM DER KÜNDIGUNG

Grundsätzlich ist die Vereinbarung einer bestimmten Form der Kündigung zulässig.

Im Verbrauchergeschäft ist jedoch abermals die Regelung des § 6 Abs 1 Z 4 KSchG zu beachten, nach welcher es beispielsweise unzulässig wäre, den Verbraucher zur Übersendung der Kündigung durch ein Einschreiben zu verpflichten.[270]

Weiters von Relevanz ist, dass bei einer Personenmehrheit, sei es auf Bestandgeber- oder Bestandnehmerseite, die Kündigung von allen Rechtsgenossen ausgehen bzw gegen alle Rechtsgenossen gerichtet sein muss, zumal es sich um einen Fall der notwendigen Streitgenossenschaft iSd § 14 ZPO handelt.

Erfolgt die Kündigung nur im Namen eines Bestandnehmers, erwächst die gerichtliche Entscheidung nicht mit Wirkung gegenüber den anderen in Rechtskraft.[271] Es ist sohin darauf zu achten, dass die Kündigung entweder von allen Bestandnehmern unterfertigt wird oder diese zumindest im Namen aller abgegeben wird.

**Kündigungstermine- und Fristen**

Voraussetzung einer wirksamen Kündigung ist, dass die vertraglich vereinbarten oder gesetzlich normierten Kündigungstermine und -fristen eingehalten werden, ansonsten das Bestandverhältnis nicht wirksam beendet wurde.[272]

Als **Kündigungstermin** wird jener Zeitpunkt bezeichnet, zu welchem das Bestandverhältnis enden soll. Dieser Zeitpunkt ist in der Kündigung anzuführen, wobei es bei der außergerichtlichen Kündigung ausreicht, dass der Zeitpunkt bestimmbar ist (beispielsweise „zum ehestmöglichen Termin“).

---

[270] *Pesek* in *Schwimann/Kodek* (Hrsg), ABGB Praxiskommentar Band $7^5$ (2021) § 1116 ABGB Rz 40.

[271] *Pesek* in *Schwimann/Kodek* (Hrsg), ABGB Praxiskommentar Band $7^5$ (2021) § 1116 ABGB Rz 26.

[272] RS0020988.

Die **Kündigungsfrist** ist hingegen jener Zeitraum, der zwischen dem Zugang der Kündigung und dem Kündigungstermin entweder nach vertraglicher Vereinbarung oder Gesetz zu verstreichen hat.[273]

Mangels vertraglicher Vereinbarung gilt § 560 ZPO, nach welchem Bestandverträge über Wohnräume zum letzten Tag eines jeden Monats unter Einhaltung einer Kündigungsfrist von einem Monat aufgekündigt werden können. Mietverträge über Geschäftsräumlichkeiten können gemäß § 560 Abs 1 Z 2 lit e hingegen unter Einhaltung einer dreimonatigen Frist zum Ende eines jeden Quartals aufgekündigt werden.

Hinsichtlich der nicht notwendigen gerichtlichen Aufkündigung gilt, dass diese gemäß § 563 Abs 2 ZPO für den darin genannten Kündigungstermin wirksam wird, wenn sie dem Gegner vor Beginn der für diesen Kündigungstermin gemäß § 560 Abs 1 Z 1 und 2 ZPO einzuhaltenden Kündigungsfrist zugestellt wird oder wenn der Gegner bei verspäteter Zustellung keine Einwendungen erhebt oder auch die Verspätung nicht rügt. Wenn der Gegner die Verspätung aber rügt, ist die Aufkündigung für den ersten späteren Kündigungstermin wirksam, für den die Frist zum Zeitpunkt ihrer Zustellung noch offen war.

**Kündigungsverzicht**

Die Parteien eines unbefristeten Bestandvertrags können wirksam auf ihr Recht zur ordentlichen Kündigung verzichten. Der Verzicht kann auch nur von einer Partei auf bestimmte Auflösungsgründe beschränkt, bedingt oder zeitlich begrenzt vereinbart werden (siehe 2.1.3.2.4.).

Der Verzicht kann ausdrücklich aus der Parteienabsicht oder dem Vertragszweck hervorgehen und auch schlüssig (konkludent) erfolgen, wobei für einen konkludenten Verzicht strenge Voraussetzungen gelten und besondere Umstände vorliegen müssen. Zudem hat der Verzicht ausreichend bestimmt zu sein; der Zeitraum, über welchen sich dieser erstreckt, muss sohin bestimmbar sein, was beispielsweise auf einen Kündigungsverzicht auf Lebenszeit zutrifft.[274]

---

[273] *Pesek* in *Schwimann/Kodek* (Hrsg), ABGB Praxiskommentar Band 7[5] (2021) § 1116 ABGB Rz 32.

[274] *Höllwerth* in GeKo Wohnrecht I § 1116 ABGB Rz 15ff (Stand 1.10.2017, rdb.at).

## PRAXISTIPP: KÜNDIGUNGSVERZICHTE BEI VERBRAUCHERVERTRÄGEN

Bei Verbrauchergeschäften verstößt eine überlange Bindung gegen § 6 Abs 1 Z 2 KSchG. Die vollständige Ausschaltung einer vorzeitigen Vertragsaufhebung selbst aus wichtigem Grund ist sittenwidrig.[275]

Die Rechtsprechung ist im Hinblick auf die „unangemessene Länge" jedoch großzügig und es wurden bereits etwa zehn- bis fünfzehnjährige Verzichte als zulässig angesehen.[276]

Eine während eines (befristeten) Kündigungsverzichts erklärte Kündigung ist jedoch wirksam, sofern der gewählte Kündigungstermin außerhalb des Verzichtszeitraumes liegt.[277]

**Sonderfall: Kündigung in der Insolvenz**

Im Fall der Insolvenz ist in erster Linie zu unterscheiden, ob der Bestandnehmer oder der Bestandgeber insolvent ist.

Wurde **über das Vermögen des Bestandnehmers ein Insolvenzverfahren eröffnet** und der Bestandvertrag bereits vor Insolvenzeröffnung abgeschlossen, das Bestandobjekt jedoch nicht übergeben, so kann der Insolvenzverwalter gemäß § 21 IO vom Bestandvertrag zurücktreten.

Wurde das Bestandobjekt jedoch bereits übergeben, steht dem Insolvenzverwalter die außerordentliche Kündigung gemäß § 23 IO offen. Der Insolvenzverwalter kann sohin den Bestandvertrag zum frühestmöglichen Zeitpunkt unter Einhaltung der gesetzlichen oder vertraglich vereinbarten Kündigungsfristen kündigen.

Weiters sieht **§ 25a IO zulasten des Bestandgebers eine Kündigungssperre** in den ersten sechs Monaten nach Insolvenzeröffnung vor, wenn die Vertragsauflösung die Fortführung des Unternehmens des Bestandnehmers

---

275 RS0110644.

276 *Pesek* in *Schwimann/Kodek* (Hrsg), ABGB Praxiskommentar Band $7^5$ (2021) § 1116 ABGB Rz 13.

277 *Pesek* in *Schwimann/Kodek* (Hrsg), ABGB Praxiskommentar Band $7^5$ (2021) § 1116 ABGB Rz 14.

gefährden könnte. Hierdurch wird jedoch lediglich die Ausübung des ordentlichen Kündigungsrechts ausgeschlossen; befristete Verträge enden während dieses Zeitraumes unverändert. Während der Kündigungssperre ist die Auflösung lediglich aus wichtigen Gründen möglich (siehe Kapitel 4.3.).

Wurde hingegen **über das Vermögen des Bestandgebers ein Insolvenzverfahren eröffnet**, besteht kein insolvenzrechtliches Kündigungsrecht. Gemäß § 24 IO tritt der Insolvenzverwalter in den Bestandvertrag ein und richtet sich die Kündigung ansonsten nach den allgemeinen Regelungen.

**Tod einer der Vertragsparteien (§ 1116a ABGB)**

Grundsätzlich werden Bestandverhältnisse durch den Tod einer der Vertragsparteien nicht beendet. Das Bestandverhältnis ist sohin vererblich.

Sowohl die Erben des Bestandnehmers als auch der Bestandgeber haben jedoch gemäß § 1116a ABGB das Recht, das Bestandverhältnis unter Einhaltung der gesetzlichen Kündigungsfrist zu beenden – unabhängig von einer vertraglich vereinbarten Dauer.

Im Anwendungsbereich des MRG ist das Kündigungsrecht des Bestandgebers hingegen eingeschränkt und kann nur ausgeübt werden, wenn keine eintrittsberechtigten Personen vorhanden sind. Fehlen solche Personen, bleibt das Bestandverhältnis zunächst mit dem Nachlass bzw den Erben bestehen, bis es gekündigt wird (siehe Kapitel 4.3.2.4.).

Die gesetzlichen Kündigungsfristen und -termine ersetzen im Todesfall des Bestandnehmers etwaige längere vertragliche Fristen. Auch bei einem unter Kündigungsverzicht abgeschlossenen Bestandvertrag greift § 1116a ABGB, sofern der Verzicht nicht eindeutig erklärt wurde. Erben treten erst mit Rechtskraft der Einantwortungsurkunde in das Bestandverhältnis ein und sind verpflichtet, dem Bestandgeber den Tod des Bestandnehmers sowie das Fehlen eintrittsberechtigter Personen mitzuteilen. Bei schuldhafter Verletzung dieser Pflicht können sie schadenersatzpflichtig werden.[278]

#### 4.4.1.2. Außerordentliche Kündigung (§ 1117 ABGB)

Dem Bestandnehmer stehen gemäß § 1117 ABGB wie auch dem Bestandgeber gemäß § 1118 ABGB Gründe zur außerordentlichen Kündigung des

[278] *Riedl* in *Illedits* (Hrsg), Wohnrecht[4] (2022) § 1116a ABGB Rz 4.

Bestandvertrages offen. Aus diesen Gründen kann das Bestandverhältnis sohin ohne Rücksicht auf die vereinbarte Vertragsdauer sowie ohne Einhaltung der gesetzlichen oder vereinbarten Kündigungsfristen und -termine jederzeit aufgelöst werden.

Zu beachten ist jedoch, dass die Aufhebungsgründe des § 1117 ABGB ohne unnötigen Aufschub geltend zu machen sind, ansonsten die Nichtausübung als Verzicht gedeutet werden könnte. Bei Dauertatbeständen soll ein Zuwarten generell nicht als Verzicht zu werten sein.[279] Jedoch ist die rasche Geltendmachung bzw zumindest die Anzeige des Mangels ratsam.

Folgende Kündigungsgründe kommen in Betracht:

- Unbrauchbarkeit;
- Gesundheitsschädlichkeit;
- weitere Gründe, die die Fortsetzung des Bestandverhältnisses unzumutbar machen (wie etwa Verletzungen vertraglich vereinbarter Pflichten, Vertrauensverlust oder andere Gründe, die aus der Sphäre des Bestandgebers stammen).

Auch im Fall der außerordentlichen Kündigung handelt es sich um eine einseitige, empfangsbedürftige Willenserklärung, weshalb auf das vorangegangene Kapitel verwiesen werden kann (siehe Kapitel 4.4.1.1.). Im Unterschied zu der ordentlichen Kündigung ist jedoch bei der außerordentlichen Kündigung der Grund für die vorzeitige Vertragsauflösung anzugeben.[280]

Die Beweislast für das Vorliegen eines wichtigen Grundes trifft den Bestandnehmer.[281]

Da es sich bei § 1117 ABGB um dispositives Recht handelt, können die Vertragsparteien auf das Recht zur vorzeitigen Vertragsauflösung weitestgehend verzichten oder abweichende Regelungen vorsehen. Ein gänzlicher Verzicht auf das Auflösungsrecht aus wichtigem Grund, insbesondere bei langfristigen Verträgen, ist jedoch sittenwidrig.[282]

Zudem bedarf die Vereinbarung eines Verzichts in Formularmietverträgen einer sachlichen Rechtfertigung, da dieser sonst gröblich benachteiligend

---

279 *Riss* in *Kletečka/Schauer*, ABGB-ON1.02 § 1117 Rz 7 (Stand 1.10.2016, rdb.at).

280 Höllwerth in GeKo Wohnrecht I Vor §§ 1117 f ABGB Rz 3 (Stand 1.10.2017, rdb.at).

281 RS0037797.

282 RS0016630.

iSd § 879 Abs 3 ABGB ist, und sind weiters die Schranken der § 6 Abs 1 Z 1 sowie § 9 KSchG beachtlich.[283]

**Unbrauchbarkeit**

Ein Bestandobjekt gilt als unbrauchbar, wenn es entweder schon bei der Übergabe in einem Zustand war, der seine Verwendung zum vereinbarten Zweck unmöglich macht, oder wenn es ohne Verschulden des Bestandnehmers später in einen solchen Zustand gerät. Ebenso liegt Unbrauchbarkeit vor, wenn ein wesentlicher Teil des Bestandobjekts durch Zufall für längere Zeit entzogen oder nicht nutzbar wird.

Ob den Bestandgeber ein Verschulden an der Gebrauchsbeeinträchtigung trifft, ist unerheblich. Das Recht zur Auflösung des Bestandvertrags besteht daher auch bei einem Zufall. Ebenso spielt es keine Rolle, ob die Unbrauchbarkeit des Bestandobjekts auf Sachmängeln, Rechtsmängeln oder auf sonstigen äußeren Störungen beruht.[284]

Bei unbedeutenden Mängeln ist der Rücktritt ausgeschlossen. Bei leicht behebbaren Mängeln hat der Bestandnehmer zunächst die Behebung zu verlangen und hierfür eine angemessene Frist zu setzen oder zumindest zu gewähren.[285]

Die Unbrauchbarkeit wurde beispielsweise in folgenden Fällen von der Rechtsprechung bejaht:

- → Fehlen einer Baubewilligung (Rechtsmangel);[286]
- → vertragswidriger Entzug des bedungenen Gebrauchs;[287]
- → ein etwa 1,8 Meter langer Fleck in einem zu Geschäftszwecken vermieteten Objekt ist angesichts der zu erwartenden Repräsentationswirkung nicht als geringfügig einzustufen. Es genügt, wenn der Mieter den Vermieter dreimal zur Behebung des Mangels auffordert.[288]

---

[283] *Höllwerth* in GeKo Wohnrecht I Vor §§ 1117 f ABGB Rz 12 f (Stand 1.10.2017, rdb.at).

[284] *Pesek* in *Schwimann/Kodek* (Hrsg), ABGB Praxiskommentar Band $7^5$ (2021) § 1117 ABGB Rz 10.

[285] MietSlg 50.171.

[286] MietSlg 29.179.

[287] MietSlg 35.215.

[288] MietSlg 50.171.

**Gesundheitsschädlichkeit**

Entsprechend der gesetzlichen Bestimmung des § 1117 S 2 ABGB ist die Gesundheitsschädlichkeit lediglich im Fall von Wohnräumen beachtlich.

Sofern Wohnräume gesundheitsschädlich sind, handelt es sich jedenfalls nicht mehr um eine unbedeutende Nutzungsbeeinträchtigung. Zudem ist es für die Geltendmachung dieses außerordentlichen Kündigungsgrundes nicht notwendig, dass ein gesundheitlicher Nachteil bereits eingetreten ist, sondern reicht das Bestehen einer Gesundheitsgefährdung allein aus. Selbst wenn der Bestandnehmer den gesundheitsschädlichen Zustand selbst herbeigeführt hat oder während der Bestanddauer ein gesundheitsgefährdender Mangel auftritt, der infolge der auf ihn wirksam überwälzten Erhaltungspflicht in seine Behebungspflicht fällt, hindert dies die vorzeitige Auflösung nicht. Allerdings wird der Bestandnehmer dem Bestandgeber in diesem Fall schadenersatzpflichtig.[289]

## PRAXISTIPP: MAẞSTAB DER GESUNDHEITS-SCHÄDLICHKEIT

Ob eine Wohnung als gesundheitsschädlich einzustufen ist, richtet sich nach objektiven Maßstäben und nicht nach der individuellen Empfindlichkeit des Mieters. Maßgeblich ist, ob die Nutzung der Wohnung nach dem aktuellen Stand der Wissenschaft für einen durchschnittlichen Menschen eine Gesundheitsgefährdung darstellt. Dies wird in der Regel dann angenommen, wenn gesetzlich oder normativ festgelegte Grenzwerte überschritten werden.

Gleichzeitig ist es jedoch zulässig, bei der Bewertung der Gebrauchsbeeinträchtigung auch auf die besondere Anfälligkeit bestimmter Personengruppen – wie Säuglinge, Kinder oder ältere Menschen – Bedacht zu nehmen. Die besonderen Empfindlichkeiten des konkreten Bestandnehmers sind hingegen nur dann zu berücksichtigen, wenn sie ausdrücklich zum Vertragsinhalt gemacht wurden.[290]

---

289 *Pesek* in *Schwimann/Kodek* (Hrsg), ABGB Praxiskommentar Band $7^5$ (2021) § 1117 ABGB Rz 14 f.

290 *Pesek* in *Schwimann/Kodek* (Hrsg), ABGB Praxiskommentar Band $7^5$ (2021) § 1117 ABGB Rz 16.

Die Unzumutbarkeit einer Gesundheitsschädigung lässt sich auch daran erkennen, dass § 1117 ABGB für den Fall von Gesundheitsschädlichkeit nicht abdingbar ist (siehe ansonsten zum Verzicht Kapitel 4.4.1.1.).[291]

**Weitere Auflösungsgründe**

Zum einen müssen in diesem Fall Umstände vorliegen, durch die die Leistung des Bestandgebers hinter dem vertraglich Vereinbarten zurückbleibt. Zum anderen ist erforderlich, dass die Beeinträchtigungen ein solches Ausmaß erreichen, dass dem Bestandnehmer die Fortsetzung des Bestandverhältnisses nicht mehr zugemutet werden kann. Dabei genügt es nicht, wenn lediglich geringfügige Mängel vorliegen. Vielmehr muss eine gewisse Erheblichkeit der Beeinträchtigung gegeben sein.

Darüber hinaus kann auch das Zusammentreffen mehrerer einzelner, für sich genommen weniger gravierender Mängel der Gebrauchstauglichkeit der Bestandsache insgesamt einen wichtigen Grund für die Auflösung des Vertrages darstellen, wenn deren kumulative Wirkung die Schwelle der Unzumutbarkeit überschreitet.[292]

### 4.4.2. Kündigung im Anwendungsbereich des MRG

#### 4.4.2.1. Ordentliche Kündigung (§ 29 Abs 1 Z 1, Abs 2 MRG)

Im Hinblick auf die ordentliche Kündigung eines unbefristeten Bestandvertrages, kann auf die Ausführungen zum ABGB verwiesen werden (Kapitel 4.4.1.). Es gelten ebenfalls die Kündigungsfristen sowie -termine des § 560 ZPO.

**PRAXISTIPP: ORDENTLICHE KÜNDIGUNG BEFRISTETER BESTANDVERHÄLTNISSE IM ANWENDUNGSBEREICH DES MRG**

Eine Besonderheit besteht jedoch hinsichtlich befristeter Wohnungsmietverträge im Anwendungsbereich des MRG. Gemäß § 29 Abs 2 MRG steht dem Bestandnehmer einer Wohnung nämlich das unabdingbare Recht zu, nach dem Ablauf eines Jahres

291 3 Ob 320/99a.

292 *Höllwerth* in GeKo Wohnrecht I § 1117 ABGB Rz 15 (Stand 1.10.2017, rdb.at).

der ursprünglichen Vertragsdauer bzw der Verlängerung den Vertrag vorzeitig unter Einhaltung einer dreimonatigen Kündigungsfrist aufzukündigen. Die Kündigungsfrist beträgt drei Monate zum Monatsletzten.

Die Kündigung darf diesfalls erst nach einem Jahr eingebracht werden. Es ist daher nicht ausreichend, dass der Kündigungstermin nach diesem Jahr liegt. Eine Einschränkung der Kündigungsmöglichkeit zu Lasten des Bestandnehmers ist nicht möglich.[293]

#### 4.4.2.2. Außerordentliche Kündigung (§ 29 Abs 1 Z 4 MRG)

§ 29 Abs 1 Z 4 MRG verweist auf § 1117 ABGB, weshalb an dieser Stelle auf die obigen Ausführungen verwiesen werden kann (siehe Kapitel 4.4.1.2.).

Unerwähnt soll jedoch nicht bleiben, dass auch im Fall der Anwendbarkeit des MRG und selbstverständlich im Rahmen der Grenzen der Sittenwidrigkeit und des KSchG auf das Auflösungsrecht nach § 1117 ABGB verzichtet werden kann. Auch hier gilt, dass auf den Auflösungstatbestand der Gesundheitsschädlichkeit von Wohnräumen nicht verzichtet werden kann.[294]

## 4.5. Einvernehmliche Beendigung

Selbstverständlich steht es den Vertragsparteien auch offen, den Bestandvertrag einvernehmlich zu beenden. Sofern diesbezüglich Konsens besteht, ergeben sich grundsätzlich keine weitergehenden Probleme und kann die Beendigung ausdrücklich erfolgen. Hierfür ist keine bestimmte Form vorgesehen und kann die Beendigung selbst mündlich vereinbart werden, wenngleich aus Beweisgründen eine schriftliche Vereinbarung empfehlenswert ist.

Weiters ist zu beachten, dass bei einvernehmlichen Beendigungen von Bestandverhältnissen die Gefahr besteht, dass der Bestandnehmer unter Druck gesetzt wird oder sich in einer nachteiligen Verhandlungsposition befindet. Aus diesem Grund ist besonders zu berücksichtigen, dass dem Bestand-

---

293 *Wieger* in *Illedits* (Hrsg), Wohnrecht[4] (2022) § 29 MRG Rz 21.

294 *Stabentheiner* in GeKo Wohnrecht I § 29 MRG Rz 17 (Stand 1.10.2017, rdb.at).

nehmer unter den Voraussetzungen des § 3 KSchG ein Rücktrittsrecht zusteht. Dieses Rücktrittsrecht kommt insbesondere dann zur Anwendung, wenn der Bestandnehmer dazu bewegt wurde, eine Auflösungsvereinbarung außerhalb der Geschäftsräume des Bestandgebers zu unterzeichnen. In solchen Fällen soll dem Bestandnehmer die Möglichkeit gegeben werden, sich von einer möglicherweise übereilt oder unter Druck geschlossenen Vereinbarung wieder zu lösen.[295]

## MUSTERFORMULIERUNG AUFLÖSUNGSVEREINBARUNG

Zwischen den Vertragsparteien besteht der Bestandvertrag vom *[Datum]* über *[genaue Bezeichnung des Bestandobjekts samt mitgemieteter Kellerräume udgl]*.

Die Vertragsparteien vereinbaren die einvernehmliche vorzeitige Auflösung des Bestandverhältnisses zum *[Datum]*. Das Bestandverhältnis endet sohin am *[Datum]*.

Der Bestandnehmer hat den Bestandgegenstand an den Bestandgeber im vertraglich vereinbarten Zustand geräumt und gereinigt bis zum *[Datum]* zurückzustellen sowie sämtliche Schlüssel an den Bestandgeber auszufolgen. Zu diesem Zweck wird ein Übernahmetermin, bei welchem der Bestandnehmer und *[der Bestandgeber/ein Mitarbeiter der Hausverwaltung als Vertreter des Bestandgebers]* anwesend sein werden, stattfinden. Der konkrete Übernahmetermin ist einvernehmlich zwischen den Vertragsparteien festzulegen.

Wurde das Bestandverhältnis einvernehmlich beendet, kann dieser Zustand nicht mehr einseitig rückgängig gemacht werden. Dies bedeutet, dass eine nachträgliche Einmahnung des Mietzinses oder auch eine nachträgliche Aufkündigung durch den Bestandnehmer unerheblich wäre.[296]

Möchte man das Bestandverhältnis beidseitig dennoch weiterführen, empfiehlt sich abermals eine schriftliche Vereinbarung oder der Abschluss eines gänzlich neuen Bestandvertrages.

---

295 RS0128131.

296 MietSlg 35.143.

### 4.5.1. Konkludente einvernehmliche Beendigung

Die einvernehmliche Beendigung kann jedoch auch konkludent iSd § 863 ABGB erfolgen. Diesbezüglich kommt es nicht auf den subjektiven Willen des Handelnden an, sondern vielmehr darauf, welche Schlüsse die andere Vertragspartei nach Treu und Glauben aus dem Verhalten ableiten durfte.[297]

Insbesondere für den Bestandgeber können sich aus der konkludenten Zustimmung zur einvernehmlichen Beendigung Probleme ergeben, weshalb empfohlen wird, stets eine ausdrückliche Vereinbarung zu treffen.

In folgenden Fällen wurde das Vorliegen einer schlüssigen Beendigung bejaht:

- Räumung des Bestandobjekts durch den Bestandnehmer und Übersenden der Schlüssel, wobei es der Bestandgeber längere Zeit dabei bewenden lässt bzw das Objekt bereits anderweitig in Bestand gibt;[298]
- Übernehmen der Schlüssel durch den Bestandgeber mit dem Kommentar „in Ordnung";[299]
- Montage neuer Schlösser durch den Bestandgeber nach Auszug des Bestandnehmers;[300]
- Abschluss eines Räumungsvergleichs.[301]

**Vermeiden einer konkludenten einvernehmlichen Beendigung**

Insbesondere stellt sich die Frage der konkludenten Auflösung durch Übersendung der Schlüssel. Die Rechtsprechung hat verdeutlicht, dass die Rückgabe der Schlüssel durch den Bestandnehmer und deren Annahme durch den Bestandgeber unter bestimmten zusätzlichen Umständen als konkludente Auflösung des Bestandverhältnisses gewertet werden kann. Entscheidend ist dabei, dass der Bestandgeber nicht bloß passiv bleibt, sondern durch sein Verhalten oder durch ausdrückliche Erklärungen klarstellt, ob er der Vertragsauflösung zustimmt oder nicht.

---

297 MietSlg 38.116; MietSlg 35.143.

298 *Stabentheiner* in GeKo Wohnrecht I § 29 MRG Rz 56 (Stand 1.10.2017, rdb.at).

299 MietSlg 38.116.

300 MietSlg 35.143.

301 OGH 31.1.2023, 4 Ob 224/22b, ecolex 2023/292.

Um Missverständnisse zu vermeiden und einer irrtümlichen Annahme einer Vertragsbeendigung durch den Bestandgeber entgegenzuwirken, ist es erforderlich, dass der Bestandgeber aktiv wird – etwa indem er die Schlüssel zurücksendet oder durch andere eindeutige Handlungen zu erkennen gibt, dass er die Auflösung des Bestandverhältnisses nicht akzeptiert. Nur so kann ausgeschlossen werden, dass aus der bloßen Entgegennahme der Schlüssel auf eine konkludente Beendigung geschlossen wird.[302]

## 4.6. Außergerichtliche Räumung

Nach Ende des Bestandverhältnisses ist das Bestandobjekt naturgemäß zurückzustellen. Die ordnungsgemäße Rückstellung verlangt gemäß § 1109 ABGB

→ die Einräumung der tatsächlichen Verfügungsgewalt des Bestandgebers über das Bestandobjekt,
→ die vollständige Entfernung sämtlicher Fahrnisse sowie
→ die Übergabe der Schlüssel.

Zudem ist das Bestandobjekt grundsätzlich in jenem Zustand zurückzustellen, in welchem es übernommen wurde. Wobei diesbezüglich selbstverständlich die gewöhnliche Abnutzung zu berücksichtigen ist (siehe hierzu im Detail Kapitel 6.2.).

Sofern sonstige vertragliche Vereinbarungen hinsichtlich der ordnungsgemäßen Rückstellung bestehen, ist es empfehlenswert den Bestandnehmer hierauf ausdrücklich hinzuweisen.

### 4.6.1. Ablauf der außergerichtlichen Räumung

Vor Ablauf des Bestandverhältnis ist es ratsam, sich rechtzeitig auf die Rückstellung des Bestandobjekts vorzubereiten.

Einerseits sollte der Bestandnehmer rechtzeitig auf das Vertragsende und seine Räumungsverpflichtung hingewiesen werden, insbesondere um eine stillschweigende Verlängerung zu verhindern (Kapitel 4.2.1.). Andererseits sollte

[302] OGH 21.1.2011, 9 Ob 26/10d, immolex 2011/63.

sich der Bestandgeber oder die zuständige Hausverwaltung den konkreten Bestandvertrag, das damalige Übergabeprotokoll sowie generell den Akt des Bestandnehmers vor der Rückstellung im Detail ansehen. Zuvor Gesagtes ist insbesondere ratsam, um besondere Verpflichtungen des Bestandnehmers im Zusammenhang mit der Rückstellung frühzeitig zu erkennen (beispielsweise eine Rückbauverpflichtung) und in diesem Zusammenhang auch Mängel rasch feststellen zu können.

### PRAXISTIPP: EMPFOHLENER ABLAUF EINER AUßERGERICHTLICHEN RÄUMUNG

→ **schriftliche Aufforderung des Bestandnehmers zur Räumung** (rechtzeitig, jedoch im zeitlichen Zusammenhang mit dem Ende des Bestandvertrages)
- Hinweis auf das Ende des Bestandvertrages unter Angabe des konkreten Enddatums
- Hinweis auf die Verpflichtung zur ordnungsgemäßen Rückstellung unter Beachtung etwaiger besonderer vertraglicher Vereinbarungen
- Anbieten eines konkreten Rückstellungstermins, Angabe von Kontaktpersonen im Zusammenhang mit der Rückstellung

→ **Aufgaben des Bestandgebers/der Hausverwaltung vor der konkreten Rückstellung**
- Sichtung des damaligen Übergabeprotokolls, um feststellen zu können, ob etwaige Mängel bereits bei Übergabe des Bestandobjekts vorhanden waren oder diese nunmehr durch den Bestandnehmer verursacht wurden
- Vorbereitung des Rückstellungsprotokolls
- Sichtung des Aktes des Bestandnehmers (besteht ein Mietzinsrückstand; gibt es Korrespondenz hinsichtlich etwaiger Themen, welche im Zuge der Rückstellung zur Sprache kommen könnten; benötige ich aufgrund der Komplexität des Sachverhaltes oder der Größe des Bestandobjekts Zeugen)

→ **bei der Rückstellung**
- vollständiges Ausfüllen des Rückstellungsprotokolls samt Fotodokumentation (siehe hierzu auch Kapitel 6.1.)
  - -- genaue Dokumentation etwaiger Mängel
  - -- Unterfertigung des Rückstellungsprotokolls durch sämtliche anwesende Personen

- Ablesen der Zählerstände
- Entgegennahme sämtlicher Schlüssel
- Kontaktdaten des Bestandnehmers erfragen, falls eine weitere Korrespondenz oder gar eine Klagsführung notwendig ist (E-Mail, Telefonnummer, zukünftige Adresse)

→ **nach der Rückstellung**

→ Erstellen der Kautionsabrechnung (siehe Kapitel 6.1.)

→ sofern Schäden am Bestandobjekt bestehen, welche über die gewöhnliche Abnutzung hinausgehen (siehe Kapitel 6.3.):
- Abzug von der Kaution
- sind die Schäden nicht von der Kaution gedeckt, wird in einem ersten Schritt die schriftliche Aufforderung zur Übernahme der Kosten empfohlen; sofern dieser nicht nachgekommen wird, Vorbereitung der Einbringung einer Mahnklage (Kapitel 6.4.)

### 4.6.2. Vorgehensweise, wenn die außergerichtliche Räumung nicht erfolgt

Räumt der Bestandnehmer das Bestandobjekt nicht freiwillig, obwohl das Bestandverhältnis wirksam beendet ist, stehen dem Bestandgeber folgende Möglichkeiten offen:

→ Räumungsklage (Kapitel 3.2.1.5.),

→ Räumungsvergleich (Kapitel 3.3.2.).

Der Bestandnehmer nutzt das Bestandobjekt in weiterer Folge titellos, es besteht sohin nicht mehr die Gefahr einer konkludenten Verlängerung (Kapitel 4.2.).

Wird das Bestandobjekt über die Vertragsdauer hinweg genutzt, hat der Bestandnehmer selbstverständlich Anspruch auf ein entsprechendes Benützungsentgelt gemäß § 1041 ABGB.

**PRAXISTIPP: BENÜTZUNGSENTGELT**

Das angemessene Entgelt bei titelloser Nutzung durch den ehemaligen Bestandnehmer bemisst sich üblicherweise nach der Höhe des bisherigen Mietzinses.

Der Anspruch des Bestandgebers besteht bis zum Tag der tatsächlichen Räumung bzw der Schlüsselübergabe und besteht unabhängig davon, ob der Bestandnehmer die Wohnung tatsächlich nutzt.[303]

Die Geltendmachung erfolgt nicht im Rahmen einer Mietzins- und Räumungsklage, zumal das Bestandverhältnis schließlich bereits beendet ist, sondern vielmehr im Rahmen einer Mahnklage (Kapitel 6.4.).

303 MietSlg 43.057; MietSlg 38.098.

# 5. Das Exekutionsverfahren

*Katharina Rauter*

## 5.1. Einleitung

Hat der Bestandgeber einen rechtskräftigen Titel, sei es über das Bestehen eines Mietzinsrückstands oder die Verpflichtung zur Räumung des Bestandgegenstandes, kann er, sofern der Bestandnehmer seinen auferlegten Verpflichtungen nicht nachkommt, diese mit gerichtlicher Hilfe durchsetzen. Diesem Zweck – der Durchsetzung titulierter Ansprüche – dient das Exekutionsverfahren, welches nunmehr näher beleuchtet werden soll.

Die Bestimmung des § 349 EO ist die zentrale Regelung hinsichtlich der Räumung einer Liegenschaft oder, sofern es sich lediglich um eine Wohnung handelt, eines Teils einer Liegenschaft und zielt darauf ab, Personen sowie bewegliche Sachen zu entfernen und sohin dem Gläubiger wieder den Besitz des zu übergebenden Gegenstandes zu verschaffen.

Der Vollständigkeit halber sei darauf hingewiesen, dass im Zuge des (Räumungs-)Exekutionsverfahrens selbstverständlich nicht nur die Übergabe der Liegenschaft begehrt werden kann, sondern zugleich auch eine Fahrnis- und Forderungsexekution zur Befriedigung etwaiger Mietzinsrückstände oder Rückstände an angelaufenem Benützungsentgelt eingeleitet werden kann. Weiters ist nach Beendigung der Räumungsexekution auf die fristgerechte Erstattung des Kostenbestimmungsantrags Bedacht zu nehmen.

## 5.2. Bewilligung der Exekution

### 5.2.1. Die Sechsmonatsfrist des § 575 Abs 2 ZPO

Liegt gegen die beklagte Partei ein rechtskräftiger Titel vor, ist zu beachten, dass die Räumungsexekution binnen einer bestimmten Frist einzuleiten ist. Die für die Räumungsexekution maßgebliche Frist lässt sich § 575 Abs 2 ZPO entnehmen und beträgt sechs Monate nach Eintritt der Rechtskraft bzw Vollstreckbarbarkeit des zugrunde liegende Räumungstitels.

#### 5.2.1.1. Fristlauf

**Maßgeblichkeit der Vollstreckbarkeit und Rechtskraft**

Der Fristlauf für die Einbringung des Räumungsexekutionsantrags beginnt entgegen dem Gesetzeswortlaut mit jenem Zeitpunkt zu laufen, ab dem die Vollstreckung objektiv möglich ist.[304] Hierbei ist jedoch nicht auf die Ausstellung der Vollstreckbarkeitsbestätigung, sondern auf die Vollstreckbarkeit an sich abzustellen.[305] Sohin kommt es vielmehr auf den Zeitpunkt des Ablaufs der Leistungsfrist an, weil ab diesem Zeitpunkt die Vollstreckbarkeitsbestätigung erteilt wird und nach objektiven Gegebenheiten die Exekutionsführung möglich ist.[306] Beachtlich ist jedenfalls immer der Zeitpunkt der Zustellung an den Verpflichteten, auf den Zeitpunkt der Kenntnis vom Eintritt der Vollstreckbarkeit desselben kommt es hingegen nicht an.[307]

**Fristlauf bei Eintritt der Rechtskraft vor Vollstreckbarkeit**

Im Fall, dass die Rechtskraft vor Vollstreckbarkeit eintritt, ist die Beurteilung des Beginns des Fristlaufes einfach. Erhebt beispielsweise ein Verpflichteter gegen eine Aufkündigung keine Einwendungen, wird diese vier Wochen nach Zustellung rechtskräftig, jedoch noch nicht vollstreckbar.

---

304 RIS-Justiz RS0044958.

305 *Weixelbraun* in *Fasching/Konecny*³ IV/1 § 575 ZPO (Stand 1.9.2019, rdb.at) Rz 8.

306 MietSlg 57.776.

307 *Mini* in GeKo Wohnrecht I § 575 ZPO (Stand 1.10.2017, rdb.at) Rz 35.

Dieser Fall liegt vor, wenn beispielsweise eine Aufkündigung zum 31.1. erfolgt und dem Gekündigten sodann aufgetragen wird, den Bestandgegenstand binnen 14 Tagen zu übergeben. Die Frist endet sohin am 14.2. Erhebt der Gekündigte gegen die Aufkündigung keine Einwendungen, erwächst diese vier Wochen nach Zustellung in Rechtskraft. Erfolgt diese Zustellung beispielsweise bereits Mitte Dezember wird die Aufkündigung bereits Mitte Jänner rechtskräftig, sofern keine Einwendungen erhoben werden. Die Vollstreckbarkeit ist jedoch noch nicht eingetreten – die Rechtskraft tritt sohin vor Vollstreckbarkeit ein.

Die Frist des § 575 Abs 2 ZPO beginnt sohin mit Ablauf der Räumungsfrist zu laufen.

**Fristlauf bei Eintritt der Vollstreckbarkeit vor Rechtskraft**

Anders ist der Fristlauf zu beurteilen, wenn der Verpflichtete beispielsweise mittels Urteils zur Räumung „binnen 14 Tagen" verpflichtet wird. Für diesen Fall ist zu berücksichtigen, dass gegen das Urteil noch ein Rechtsmittel erhoben werden kann. Die Frist zur Räumung endet in diesem Fall vor Eintritt der Rechtskraft. Hier fallen also Ablauf der Leistungsfrist und Eintritt der Rechtskraft auseinander. Die Frist des § 575 Abs 2 ZPO beginnt in einem solchen Fall erst mit Ablauf der späteren Frist, sohin vorliegend mit Rechtskraft zu laufen.[308]

**Fristlauf in anderen Fällen**

Wiederum anders stellt sich der Fristlauf jedoch naturgemäß bei Abschluss eines Räumungsvergleichs dar, sofern dieser durch die Nichtzahlung einer (oder mehrerer) Zinsbeträge bedingt ist. So wird in einem solchen Fall durch jede neue Nichtzahlung bzw mit letzter Nichtzahlung der Fristlauf neu in Gang gesetzt.[309]

Wird ein absolut unzulässiges Rechtsmittel erhoben, schiebt dies den Eintritt der Rechtskraft nicht hinaus und tritt auch keine Änderung am Beginn des Fristlaufs ein. Im Fall der Erhebung einer (zulässigen) ordentlichen Revision wird jedoch die Vollstreckbarkeit gehemmt und der Fristlauf beginnt erst mit Zustellung der Revisionsentscheidung.[310]

---

308 OGH 3 Ob 76/09m.

309 RS0001173.

310 *Mini* in GeKo Wohnrecht I § 575 ZPO (Stand 1.10.2017, rdb.at) Rz 33 f.

Zumal häufig mit Einleitung der Räumungsexekution länger zugewartet wird, insbesondere um noch eine raschere sowie zumeist kostengünstigere freiwillige Räumung des Mietgegenstandes herbeizuführen, ist die grundsätzlich lange Sechsmonatsfrist jedenfalls begrüßenswert. Insbesondere in diesem Zusammenhang ist jedoch zu beachten, dass eine außergerichtliche Stundungsvereinbarung die Frist des § 575 Abs 2 ZPO nicht verlängert.[311]

**Versäumnis der Frist**

Sofern nicht binnen der gesetzlich festgelegten sechs Monate das Räumungsexekutionsverfahren eingeleitet wird, verliert der Räumungstitel seine Vollstreckbarkeit, sodass eine neuerliche Räumungsklage erforderlich wäre. Insbesondere aufgrund dieser Konsequenz ist eine penible Fristhaltung in Räumungsverfahren unumgänglich. Die Versäumung der Frist ändert jedoch selbstverständlich nichts an der materiellrechtlichen Wirkung des Exekutionstitels, das Bestandverhältnis bleibt sohin beendet und der ehemalige Bestandnehmer ist weiterhin zur Zurückstellung des Bestandgegenstandes iSd § 1109 ABGB verpflichtet.[312]

**Vollstreckbarkeit der Räumungsexekution**

Die Sechsmonatsfrist des § 575 Abs 2 ZPO gilt jedoch lediglich für die Einleitung des Exekutionsantrags. Sofern der Vollzug in weiterer Folge hinausgezögert wird, ist die Frist sohin jedenfalls gewahrt. Wurde der Antrag auf Räumungsexekution bewilligt, kann der Titel also innerhalb von 30 Jahren vollstreckt werden und es ist keine neuerliche Frist zu beachten. Lediglich in diesem Zusammenhang ist ein Augenmerk darauf zu legen, dass nicht aufgrund des späteren Verhaltens der betreibenden Partei ein Verzicht auf den Räumungsanspruch abgeleitet werden kann.[313]

#### 5.2.1.2. Erfasste Exekutionstitel

Die Frist des § 575 Abs 2 ZPO bezieht sich jedoch nicht lediglich auf die vom Wortlaut umfassten gerichtlichen Kündigungen oder Aufträge zur Übergabe,

[311] MietSlg 59.700.
[312] RS0020831.
[313] RS0044981.

sondern laut Rechtsprechung unter anderem auch auf Räumungsklagen gemäß § 1118 ABGB sowie auf gerichtliche Vergleiche, und zwar auch, wenn es sich hierbei um einen prätorischen Räumungsvergleich im Rahmen des § 433 ZPO handelt.[314] Voraussetzung ist jedoch immer, dass dem Räumungsvergleich ein Bestandverhältnis zugrunde lag. Dies sollte sich sohin tunlichst aus dem abgeschlossenen Vergleich selbst ergeben.[315]

Jedenfalls nicht anzuwenden ist die Frist des § 575 Abs 2 ZPO auf Räumungsklagen wegen titelloser Benützung.[316]

**Bestimmtheit des Exekutionstitels**

Irrelevant ist, auf welchen Exekutionstitel sich die betreibende Partei stützt, dieser hat jedenfalls bestimmt genug zu sein, um eine Exekution nach § 349 EO führen zu können.

Insbesondere muss die geschuldete Leistung in dem Überlassen oder Räumen einer Liegenschaft oder Wohnung bestehen. Ausreichend sind jedoch auch gleichwertig formulierte Leistungspflichten wie beispielsweise das Begehren auf „Übergabe einer Wohnung" (3.2.1.2.).[317]

Als nicht genügend wird die bloße Feststellung einer Verbindlichkeit oder Sachlage ohne konkrete Leistungspflicht angesehen. So ist es eben nicht ausreichend, lediglich auf die Befristung eines Bestandverhältnisses ohne Räumungsverpflichtung oder auf einen Enteignungsbescheid zu verweisen.[318]

Auch hat der Räumungstitel konkret genug zu sein. Das zu räumende Objekt muss sohin objektiv und für Dritte erkennbar im Exekutionstitel bezeichnet werden, zumal der Gerichtsvollzieher ohne große weitergehende Erhebungen in der Lage sein muss, dem Räumungsbeschluss das zu räumende Objekt eindeutig zu entnehmen.[319] An die konkrete Bezeichnung des Räumungsobjekts wird ein strenger Maßstab angelegt, der einfache Verweis auf den zugrundeliegenden Mietvertrag ist sohin jedenfalls nicht ausreichend. Entspricht der Exekutionstitel diesen Bestimmtheitserfordernissen nicht, be-

---

314 MietSlg 33.689; MietSlg 30.796.

315 MietSlg 37.793.

316 RIS-Justiz RS0044953.

317 RS0004410.

318 *Mini* in GeKo Wohnrecht I § 349 EO (Stand 1.10.2017, rdb.at) Rz 15.

319 RS0000769.

steht im Exekutionsverfahren nicht die Möglichkeit, die fehlenden Angaben im Wege einer Urkundenvorlage nachzutragen und es wäre eine Titelergänzungsklage gemäß § 10 EO von Nöten, ansonsten ist der Exekutionsantrag abzuweisen.[320]

Empfehlenswert ist es sohin, jedenfalls das zu räumende Objekt gleichlautend dem Mietvertrag zu bezeichnen. Ergänzend kann noch ein Plan des Bestandobjekts beigefügt werden, was insbesondere bei Geschäftsräumlichkeiten oder großen Gebäuden mit mehreren Eingängen von Vorteil sein kann.

#### 5.2.1.2.1. Exekutionsgericht

Die sachliche Zuständigkeit des Exekutionsgerichts richtet sich nach § 3 EO und es ist sohin das Bezirksgericht als Exekutionsgericht zuständig. Die örtliche Zuständigkeit richtet sich gemäß § 4 EO nach jenem Sprengel, in welchem die zu räumende Sache liegt.

Sofern ein Exekutionsantrag bei einem sachlich oder örtlich unzuständigen Gericht eingebracht wird, ist dieser gemäß § 44 JN von Amts wegen oder auf Antrag mittels Beschlusses an das nicht unzuständige Exekutionsgericht zu überweisen.

#### 5.2.1.2.2. Kombination mit weiteren Exekutionsarten

Zumal meist Grund für die Einleitung der Räumungsexekution ein Mietzinsrückstand ist, ist es sinnvoll, zeitgleich mit der Räumungsexekution eine Fahrnis- und Forderungsexekution nach § 295 EO einzuleiten.

In diesem Zusammenhang ist lediglich zu beachten, dass im Antrag, konkret in der Feldgruppe 3, unterschiedliche Streitwerte anzugeben sind. Wird also neben der Räumung auch noch eine Geldforderung betrieben, sind die Streitwerte zu addieren.

Weiters ist zu beachten, dass nach erfolgreicher Räumung des Objekts in den meisten Fällen die Forderungs- und Fahrnisexekution noch nicht beendet sein wird. Sohin ist darauf zu achten, dass nach Umzug der verpflichteten Partei möglicherweise ein neues Exekutionsgericht zuständig ist.

---

[320] MietSlg 56.778.

**PRAXISTIPP**

Empfehlenswert ist es, die verpflichtete Partei sogleich bei Vollzug der Räumung nach dem neuen Hauptwohnsitz zu fragen oder in regelmäßigen Abständen Anfragen beim Zentralen Melderegister vorzunehmen, sodass die Forderungs- und Fahrnisexekution zügig weitergeführt werden kann, zumal nach der Räumung möglicherweise ein neues Exekutionsgericht zuständig sein wird.

Gemäß § 5a EO ist das Exekutionsverfahren zur Hereinbringung einer Geldforderung sodann an das nunmehr zuständige Exekutionsgericht zu überweisen. Es besteht zwar die Möglichkeit, als betreibende Partei selbst einen Antrag auf Überweisung an das nunmehr zuständige Gericht zu stellen, dies kann das Verfahren unter Umständen beschleunigen. Sofern jedoch kein solcher Überweisungsantrag gestellt wird, ist gemäß § 44 JN von Amts wegen an das zuständige Gericht überwiesen. Hierbei ist wiederum auf obig Erwähntes zu verweisen, regelmäßige Wiedervorlagen, um zu kontrollieren, ob eine verpflichtete Partei einen neuen Hauptwohnsitz gemeldet hat, kann das Verfahren beträchtlich beschleunigen. Der Vollständigkeit halber soll lediglich kurz erwähnt werden, dass die Möglichkeit gemäß § 295 EO besteht, (neuerliche) Abfragen bei dem Dachverband der Sozialversicherungsträger zu beantragen, um zu eruieren, ob die verpflichtete Partei Arbeitseinkommen bezieht.

#### 5.2.1.2.3. Exekutionsbewilligung

Über den Exekutionsantrag ist gemäß § 3 Abs 2 EO ohne vorhergehende mündliche Verhandlung und Einvernehmung der verpflichteten Partei zu entscheiden.

Wird mit der Räumungs- zugleich auch eine Forderungs- und Fahrnisexekution begehrt, wird in der Praxis zumeist die Forderungs- und Fahrnisexekution rascher bewilligt. Dies hängt naturgemäß damit zusammen, dass der Beschluss, mit welchem die zwangsweise Räumung bewilligt wird gemäß § 569 Abs 1 Geo zugleich auch den Zeitpunkt der Räumung enthalten muss. Die Zustellung des Beschlusses, mit welchem die Räumung bewilligt wird, muss jedenfalls acht Tage vor Beginn der Amtshandlung vollzogen worden sein.

## 5.3. Verzögerung des Exekutionsverfahrens

### 5.3.1. Rechtsmittel gegen die Exekutionsbewilligung

Die Exekutionsbewilligung selbst ist mittels Rekurses anfechtbar, nicht jedoch die Festsetzung des Räumungstermins durch den Gerichtsvollzieher, zumal eine bloße Amtshandlung durch ein Vollstreckungsorgan lediglich mit Vollzugsbeschwerde gemäß § 68 EO und nicht mittels Rekurses bekämpft werden kann.[321]

#### 5.3.1.1. Rekurs

##### 5.3.1.1.1. Allgemeines

Im Exekutionsverfahren ergehen gerichtliche Entscheidungen und sonstige Verfügungen in Beschlussform. Diese sind in der Regel durch das ordentliche Rechtsmittel des Rekurses gemäß § 65 EO bekämpfbar. Gemäß § 78 EO sind im Rekursverfahren die Vorschriften der ZPO anwendbar, soweit die Exekutionsordnung keine abweichenden Bestimmungen vorsieht. Abweichende Bestimmungen sind insbesondere in Hinblick auf die Zulässigkeit des Rekurses, sowohl hinsichtlich Entscheidungen der ersten Instanz als auch der zweiten Instanz, vorgesehen.

Der Rekurs steht jedoch nur gegen gerichtliche Beschlüsse möglich, gegen sonstige Maßnahmen des Exekutionsvollzuges steht die Beschwerde nach § 68 EO offen 5.3.2.1.).

##### 5.3.1.1.2. Form

Die Formerfordernisse entsprechen jenen von Schriftsätzen iSd § 78 EO iVm § 520 Abs 1 ZPO.

##### 5.3.1.1.3. Zuständigkeit des Gerichts

Einzubringen ist der Rekurs gemäß § 520 Abs 1 ZPO bei jenem Gericht, dessen Beschluss angefochten wird und somit beim Erstgericht.

[321] *Mini* in GeKo Wohnrecht I § 349 EO (Stand 1.10.2017, rdb.at) Rz 42.

#### 5.3.1.1.4. Frist

Die Frist beträgt entsprechend der allgemeinen Bestimmung des § 521 Abs 1 ZPO im Exekutionsverfahren ebenfalls 14 Tage ab Zustellung der schriftlichen Ausfertigung des Beschlusses. Für die Wahrung der Frist ist auf das Einlangen des Rekurses bei dem Erstgericht abzustellen und gehen Verzögerungen, beispielsweise aufgrund einer Einbringung bei einem falschen Gericht, zu Lasten der rekurswerbenden Partei.[322]

Auch zu beachten ist, dass aufgrund der Anwendbarkeit der Bestimmungen der ZPO gemäß § 78 EO der schriftliche Rekurs im Exekutionsverfahren der Unterschrift eines Rechtsanwaltes bedarf.[323]

#### 5.3.1.1.5. Rekurslegitimation

Zur Erhebung des Rekurses sind nicht nur die Parteien legitimiert, sondern auch sonstige Beteiligte. Beteiligten steht das Rekursrecht jedoch nur zu, wenn es im Gesetz ausdrücklich vorgesehen ist, wie beispielsweise hinsichtlich des Drittschuldners iSd § 294 Abs 4 EO, oder wenn die Entscheidung die Rechtsstellung der Beteiligten unmittelbar betrifft. Dies kann insbesondere der Fall sein, wenn über selbst gestellte Anträge der Beteiligten entschieden wird.[324] Das Recht zur Erhebung des Rekurses reicht jedoch nur so weit als die Beteiligte in ihrer Rechtsstellung betroffen sind.[325] Im Räumungsverfahren steht insbesondere einem Untermieter oder einem sonstigen Dritten, der seine Rechte vom Mieter ableitet, keine Rekurslegitimation zu. Ein etwaiger Untermieter ist in diesem Zusammenhang als Dritter anzusehen, dem lediglich dann die Rekurslegitimation zukommt, wenn er durch einen im Exekutionsverfahren ergangenen Beschluss unmittelbar belastet wird. Dies ist beispielsweise der Fall, wenn dem Untermieter gemäß § 74 EO Exekutionskosten auferlegt wurden.[326] Im Anwendungsbereich des MRG ist allerdings zu beachten, dass der Scheinuntermieter nach § 34a MRG besonderen Räumungsschutz genießt und dieser sohin auch rekurslegitimiert ist.[327]

---

322 *Garber/Otti* in *Garber/Simotta* (Hrsg), EO – Exekutionsordnung (2023) zu § 65 EO Rz 7.

323 MietSlg 69.704.

324 *Jakusch* in *Angst/Oberhammer*, EO³ § 65 EO (Stand 1.7.2015, rdb.at) Rz 3.

325 RS0110287.

326 MietSlg 37.825.

327 *Rassi* in *Deixler-Hübner* (Hrsg), Exekutionsordnung (33. Lfg 2021) zu §§ 65–67 EO Rz 23.

Die verpflichtete Partei ist bereits mit der Stellung des Exekutionsantrags zum Rekurs legitimiert, zumal mit diesem Zeitpunkt in ihre Rechtsphäre eingegriffen wird. Dies bedeutet, dass die verpflichtete Partei bereits vor Zustellung der Exekutionsbewilligung antrags- sowie rechtsmittellegitimiert ist.[328]

Häufig wird eine Räumungsexekution gegen mehrere verpflichtete Parteien beantragt. In diesem Zusammenhang ist zu beachten, dass jede verpflichtete Partei für sich in Bezug auf die sie betreffenden Beschlüsse zur Erhebung eines Rekurses legitimiert ist.[329]

#### 5.3.1.2. Vollzugsbeschwerde gemäß § 68 EO

##### 5.3.1.2.1. Allgemeines

Vollzugsbeschwerden dienen der Bekämpfung fehlerhafter Vollzugshandlungen, nicht jedoch mittels Rekurses anfechtbarer richterlicher Entscheidungen. Primär richtet sich eine Vollzugsbeschwerde nach § 68 EO gegen Amtshandlungen von Gerichtsvollziehern, zumal diese ganz grundsätzlich im Exekutionsverfahren eine starke Stellung innehaben.

Als Vollzugshandlung gelten insbesondere auch das Festsetzen oder Abberaumen des Räumungstermins.

Einzubringen ist die Vollzugsbeschwerde beim zuständigen Exekutionsgericht.

##### 5.3.1.2.2. Legitimation

Zu einer Vollzugsbeschwerde sind nicht lediglich die Parteien des Exekutionsverfahrens, sondern auch dritte Personen berechtigt, wenn über Gegenstände in ihrer Gewahrsame verfügt wurde und sie sich sohin als beschwert erachten. Zwingend notwendig ist weiters, dass ein aktuelles Rechtsschutzbedürfnis vorliegt. Eine Vollzugsbeschwerde ist sohin nicht mehr möglich, wenn keine Abhilfe mehr möglich ist (beispielsweise wenn die Exekution bereits vollzogen wurde).

##### 5.3.1.2.3. Frist

Die Frist beträgt sodann 14 Tage ab Kenntnis des Beschwerdeführers vom maßgeblichen Sachverhalt.

---

[328] RS0106418.

[329] *Jakusch* in *Angst/Oberhammer*, EO³ § 65 EO (Stand 1.7.2015, rdb.at) Rz 9.

#### 5.3.1.2.4. Entscheidung über die Vollzugsbeschwerde

Gegen die Entscheidung über die Vollzugsbeschwerde selbst steht sodann wieder der Rekurs entsprechend den allgemeinen Bestimmungen des § 517 ZPO offen.[330]

## 5.3.2. Aufschiebung der Räumungsexekution

### 5.3.2.1. Aufschiebung nach § 42 ff EO

Gemäß § 67 EO kommt Rechtsmitteln im Exekutionsverfahren grundsätzlich keine aufschiebende Wirkung zu. Aufgrund dessen besteht die Möglichkeit der Aufschiebung der Exekution nach den Bestimmungen der §§ 42 ff EO. Die Aufschiebung bewirkt, dass das Exekutionsverfahren unterbrochen wird, um offene Fragen im Rahmen eines Zwischenverfahrens zu klären. Ein bewilligter Antrag auf Aufschiebung bewirkt sohin gemäß § 43 EO grundsätzlich, dass die Exekutionsakte bestehen bleiben, für die Zeit des Zwischenverfahrens jedoch „ruhen". Der Zweck dieses Rechtsbehelfs besteht zweifelsfrei darin, dass Verpflichtete oder Dritte vor ungerechtfertigten Exekutionshandlungen geschützt werden.

Mit dem Zweck, nämlich dem Schutz vor unwiederbringlichen Nachteilen, geht sohin einher, dass dem Aufschiebungswerber ein unersetzlicher oder nur schwer zu ersetzender Vermögensnachteil droht. Die Gefahr ist dementsprechend konkret zu bezeichnen und zu bescheinigen.[331] Für einen erfolgreichen Antrag auf Aufschiebung der Exekution muss weiters die Exekution bereits bewilligt und darf nicht eingestellt oder beendet sein, einer der in § 42 Abs 1 EO aufgezählten Aufschiebungsgründe vorliegen, dem Aufschiebungswerber ein unersetzlicher oder nur schwer zu ersetzender Vermögensnachteil drohen und darf sich die Aufschiebung als ungeeignet oder aussichtslos darstellen. All diese Voraussetzungen haben kumulativ vorzuliegen.[332]

---

330 *Mokrejs-Weinhappel* in *Garber/Simotta* (Hrsg), EO – Exekutionsordnung (2023) zu § 68 EO Rz 1.

331 *Deixler-Hübner* in *Deixler-Hübner* (Hrsg), Exekutionsordnung (33. Lfg 2021) zu § 42 EO Rz 1.

332 *Garber/Otti* in *Garber/Simotta* (Hrsg), EO – Exekutionsordnung (2023) zu § 42 EO Rz 4.

**Aufschiebung der Räumungsexekution**
Auch für die Räumungsexekution gelten die Grundsätze der Bestimmungen der §§ 42 ff EO. Besonders relevant im Zusammenhang mit dem Aufschub von Räumungsexekutionen sind die Aspekte der Gefahr eines unersetzlichen oder schwer zu ersetzenden Vermögensnachteils sowie eine allfällig zu leistende Sicherheitsleistung.

Auch bei der Räumungsexekution hat der Aufschiebungswerber die Gefahr eines unersetzlichen oder schwer zu ersetzenden Vermögensnachteils konkret zu behaupten und zu bescheinigen. Das gilt allerdings dann nicht, wenn die Gefahr offenkundig ist. Die früher herrschende Ansicht, dass die Offenkundigkeit der Gefahr bei der zwangsweisen Räumung per se angenommen wird, wurde mittlerweile revidiert. Die jüngere Rechtsprechung betrachtet die Offenkundigkeit des Vermögensnachteils iSd § 44 Abs 1 EO bei der zwangsweisen Räumung sohin differenzierter. Demnach ist die Gefahr eines unersetzlichen oder schwer ersetzbaren Vermögensnachteils des Aufschiebungswerbers nicht schon bereits dann offenkundig, wenn die Exekution allgemein die Räumung einer Wohnung betrifft, sondern erst dann, wenn diese Wohnung dem dringenden Wohnungsbedürfnis des Aufschiebungswerbers dient.[333]

Nach § 44 Abs 2 ist bei Vorliegen einer in den Z 1–3 genannten Voraussetzungen die Aufschiebung der Exekution von einer Sicherheitsleistung abhängig zu machen. Die Höhe richtet sich bei der Räumungsexekution nach jenem Schaden, der der betreibenden Partei aufgrund der Verzögerung des Anspruchs auf Übergabe des Mietobjekts entstehen könnte. Der Schaden besteht jedoch nicht nur im Entfall des bisherigen Mietzinses, sondern auch im Verlust jenes Mietzinses, der bei einer Vermietung nach Räumung des Bestandobjekts in Rechnung gestellt werden könnte. Ausschlaggebend für die festzusetzende Höhe ist die Dauer der Verzögerung der Übergabe des Bestandobjekts, wobei auch auf ein mögliches Rechtsmittelverfahren Bedacht genommen wird. Zu der Sicherheitsleistung zählen weiters nicht nur der erzielbare Nettohauptmietzins, sondern sämtliche Mietzinsbestandteile wie Betriebskosten und die Umsatzsteuer. Bei der Bemessung nicht berücksichtigt wird jedoch die Höhe des bereits aushaftenden Mietzinses, zumal die aufgelaufe-

[333] *Mini* in *Garber/Simotta* (Hrsg), EO – Exekutionsordnung (2023) zu § 349 EO Rz 68; MietSlg 67.775; MietSlg 47.724; MietSlg 62.862 mwN.

nen Rückstände in keinem Kausalzusammenhang mit der Aufschiebung der Exekution stehen. Sofern das Verfahren länger andauert, kann die betreibende Partei eine Erhöhung der Sicherheitsleistung beantragen.[334]

Ein Aufschub der (Räumungs-)Exekution durch Antrag der betreibenden Partei ist selbstverständlich jederzeit und ohne Erfüllen der obig genannten Voraussetzungen möglich. Weiters von Relevanz in diesem Zusammenhang ist, dass auch die Aufschiebung der Räumungsexekution das Verfahren nicht zum Stillstand bringt. Dies bedeutet, dass auch während des Aufschubs neuerliche Anträge für die Zeit danach, wie etwa auf Anberaumung eines neuerlichen Räumungstermins nach Ablauf des Räumungsaufschubes, gestellt werden können.[335] Diesbezüglich ist auch zu beachten, dass die betreibende Partei die Übernahme des Bestandgegenstandes auch während einer Aufschiebungsfrist nicht verweigern darf, zumal das Bestandverhältnis ja bereits als beendet gilt (6.1.).

#### 5.3.2.2. Aufschiebung aufgrund einer Zahlungsvereinbarung nach § 45a EO

Neben der allgemeinen Bestimmung der Aufschiebung nach § 42 EO besteht im Rahmen des § 45a EO die Möglichkeit, das Exekutionsverfahren einvernehmlich aufzuschieben, wenn eine Zahlungsvereinbarung abgeschlossen wurde. Diese Möglichkeit wird insbesondere von Interesse sein, wenn von Beginn an gar keine Mietzins- und Räumungsklage, sondern lediglich eine Mahnklage aufgrund eines Mietzinsrückstands eingebracht wurde. Die Exekution zur Hereinbringung der Geldforderung ist sodann auf Antrag des betreibenden Gläubigers (oder mit seiner Zustimmung) aufzuschieben. Diesbezüglich ist jedoch insbesondere in Betracht zu ziehen, dass die Fortsetzung der Exekution erst nach Ablauf von drei Monaten ab Einlangen des Aufschiebungsantrags beantragt werden kann. In der Praxis wird man sohin in den meisten Fällen erst nach fristgerechter Zahlung einiger Raten die Exekution aufschieben. Zu beachten ist weiters, dass sich die Zahlungsvereinbarung bestenfalls nicht auf einen Zeitraum von mehr als zwei Jahren erstreckt, zudem eine aufgeschobene Exekution einzustellen ist, sofern die Fortsetzung nicht binnen zweier Jahre beantragt wird.

---

334 *Mini* in GeKo Wohnrecht I § 349 EO (Stand 1.10.2017, rdb.at) Rz 142.

335 *Höllwerth* in *Deixler-Hübner* (Hrsg), Exekutionsordnung (38. Lfg 2023) zu § 349 EO Rz 51.

### 5.3.2.3. Aufschiebung nach § 35 MRG

Ein Bestandnehmer hat weiters nach § 35 MRG die Möglichkeit, die Aufschiebung der Räumungsexekution zu begehren. Die Entscheidung darüber ist genauso wie bei der Aufschiebung nach §§ 42 ff EO in einem Zwischenverfahren zu fällen.

Voraussetzung für die Aufschiebung nach § 35 MRG ist, dass der Bestandnehmer rechtskräftig gekündigt wurde (dies wird im Fall einer laufenden Räumungsexekution freilich weniger ein Problem darstellen) und dass diesem nunmehr die Obdachlosigkeit droht. Zwingende Voraussetzung ist weiters, dass dem Bestandgeber die Aufschiebung nach der Lage seiner Verhältnisse überhaupt zugemutet werden kann. Beide Voraussetzungen haben kumulativ vorzuliegen.[336]

Wird der Aufschub bewilligt, darf dieser jedoch drei Monate nicht übersteigen, mit Ausnahme von besonders berücksichtigungswürdigen Fällen, bei welchen auch bis zu zwei Mal ein weiterer Aufschub von abermals drei Monaten bewilligt werden kann.

Setzt der Bestandnehmer jedoch nach der Bewilligung des Aufschubs der Räumungsexekution einen weiteren Kündigungsgrund, so kann die Aufschiebung entsprechend § 35 Abs 2 MRG widerrufen werden.

Eine Aufschiebung nach § 35 MRG ist jedoch nicht bei titelloser Benützung oder einem prekaristischen Nutzungsverhältnis zulässig.[337]

### 5.3.2.4. Sonderfall der Aufschiebung nach § 12c IO

Die Bestimmung des § 12c IO dient dem Schutz des Schuldners und sohin der verpflichteten Partei. Die Bestimmung ist jedoch nur anwendbar, wenn das Bestandverhältnis bereits aufgelöst und zuvor die Räumungsexekution bewilligt wurde. Weiters ist die Bestimmung lediglich für Insolvenzverfahren von Unternehmern und auch nur für Exekutionen nach § 346 EO, sohin ausnahmslos für Räumungsexekutionen, anwendbar.

Nutzt die verpflichtete Partei das Bestandobjekt sohin nicht aufgrund eines Bestandvertrages, sei es aufgrund eines Miet- oder Pachtvertrages, oder nicht zum Betrieb eines Unternehmens, oder aber rührt der Exekutionstitel

---

[336] RS0110189.

[337] *Garber/Otti* in *Garber/Simotta* (Hrsg), EO – Exekutionsordnung (2023) zu § 42 EO Rz 51.

aus anderen Gründen als aus einem Bestandzinsrückstand her, ist § 12c IO nicht anwendbar.[338] Eine verpflichtete Partei, die das Bestandobjekt sohin zu Wohnzwecken nutzt, kommt nicht in den Genuss der Schutzbestimmung des § 12c IO.

Die antragslegitimierte Person kann die bereits laufende Exekution zur Räumung eines Bestandobjekts, in welchem ein Unternehmen betrieben wird, wegen Nichtzahlung des Bestandzinses in der Zeit vor Eröffnung des Insolvenzverfahrens auf Antrag aufschieben bis entweder das Unternehmen geschlossen wird, ein Sanierungsplan scheitert (aufgrund des Zurückziehens durch den Schuldner oder Zurückweisung durch das Gericht), abgelehnt wird oder ihm die Bestätigung versagt wurde oder wenn die Forderung des Bestandgebers nach § 156a IO wieder auflebt.

Weiters ist die Räumungsexekution auf Antrag einzustellen, wenn die Forderung mit dem im Sanierungsplan festgesetzten Betrag vollständig befriedigt wird. Die Konsequenz aus der vollständigen Befriedigung ist sodann, dass das Bestandverhältnis gemäß § 12c letzter Satz IO als fortgesetzt gilt.

Der Antrag auf Aufschiebung kann, solange die Räumungsexekution noch nicht beendet ist, vom Insolvenzverwalter oder im Fall der Eigenverwaltung vom Schuldner selbst ab Eröffnung des Insolvenzverfahrens bis zu seiner rechtskräftigen Beendigung gestellt werden. Hierbei hat die antragstellende Partei die Aufschiebungsvoraussetzungen zu behaupten und allenfalls auch zu beweisen sowie den Zeitraum, für welchen die Aufschiebung beantragt wird, anzugeben.[339] Liegen die Voraussetzungen vor, ist die Aufschiebung zwingend zu bewilligen.[340]

Sofern die Voraussetzungen für die Aufschiebung der Exekution wegfallen, kann die betreibende Partei gemäß § 44 Abs 5 EO die Wiederaufnahme des Räumungsexekutionsverfahrens beantragen.

Das Exekutionsgericht hat sodann auch unter Zuhilfenahme des Insolvenzaktes sowie der Insolvenzdatei zu prüfen, ob der Aufschiebungsgrund tatsächlich weggefallen ist. Eine Fortführung des Räumungsexekutionsverfahrens ist jedoch nicht nur aufgrund der demonstrativ in den Ziffern 1 bis 5 des § 12c

---

338 *Höllwerth* in *Deixler-Hübner* (Hrsg), Exekutionsordnung (38. Lfg 2023) zu § 349 EO Rz 74d.

339 *Konecny* in *Konecny*, Insolvenzgesetze § 12c IO (Stand 1.11.2011, rdb.at) Rz 80, 84.

340 *Höllwerth* in *Deixler-Hübner* (Hrsg), Exekutionsordnung (38. Lfg 2023) zu § 349 EO Rz 74e.

IO angeführten Gründen möglich, sondern auch aufgrund anderer Pflichtverletzungen des Bestandnehmers denkbar. Andere Pflichtverletzungen können zu der Fortsetzung des Verfahrens führen, sofern diese den Tatbeständen der Z 1 bis 5 gleichkommen oder ein Grund vorliegt, der es dem Bestandgeber erlauben würde, einen bestehenden Bestandvertrag aufzulösen. Hierunter würde unter anderem die Nichtbezahlung des Benützungsentgelts fallen oder ein erheblich nachteiliger Gebrauch iSd § 1118 ABGB des Bestandobjekts.[341]

## 5.4. Vorbereitung des Räumungstermins

### 5.4.1. Obliegenheiten der betreibenden Partei

Mit der Bewilligung der Räumungsexekution wird sogleich ein Räumungstermin festgesetzt. Die Räumung selbst wird vom Gerichtsvollzieher gemäß § 349 EO lediglich dann vollzogen, wenn die betreibende Partei gewisse Aufträge erfüllt. In diesen Zusammenhang hat die betreibende Partei für die Bereitstellung folgender Hilfskräfte Sorge zu tragen:[342]

- zwei Zeugen (welche großjährig sein müssen sowie nicht an der Amtshandlung beteiligt sein dürfen);
- betreibende Partei oder ein Mitarbeiter der zuständigen Hausverwaltung, welcher sodann dem Gerichtsvollzieher eine Vollmacht vorzulegen hat;
- ein Aufsperrdienst zur Öffnung versperrter Räumlichkeiten, falls die verpflichtete Partei abwesend ist; sofern die betreibende Partei jedoch über einen Ersatzschlüssel verfügt, ist die Bereitstellung eines Aufsperrdienstes nicht notwendig;
- eine Spedition mit geeignetem Lager, Beförderungsmitteln sowie Speditionsmitarbeiter, welche für die Wegschaffung, Entfernung und Einlagerung von beweglichen Sachen Sorge zu tragen haben, sowie allenfalls ein Abschleppwagen, sofern KFZ-Stellplätze geräumt werden.

Zumal in der Regel meistens die Hausverwaltung der betreibenden Partei für diese im Zuge der Räumung tätig wird, ist in diesem Zusammenhang darauf

341 *Riss* in *Koller/Lovrek/Spitzer* (Hrsg), IO – Insolvenzordnung² (2022) zu § 12c IO Rz 10.
342 *Mini* in GeKo Wohnrecht I § 349 EO Rz 51.

hinzuweisen, dass dem Vollzugsorgan eine entsprechende Vollmacht vorzulegen ist. Häufig sind in den Verwaltungsverträgen bereits entsprechende Aufträge enthalten, diesbezüglich empfiehlt es sich, den Verwaltungsvertrag parat zu haben. Sofern die Hausverwaltung nicht bereits im Verwaltungsvertrag für solche Angelegenheiten beauftragt wurde, ist eine gesonderte Vollmacht vorzulegen, welche wie folgt ausgestaltet sein könnte:

## MUSTERFORMULIERUNG SPEZIALVOLLMACHT RÄUMUNGSEXEKUTION

Die *[Vermieterin]* („Vollmachtgeberin")

beauftragt und bevollmächtigt hiermit die

*[Hausverwaltung]* („Vollmachtnehmerin")

im Namen und auf Rechnung der Vollmachtgeberin diese als Eigentümerin der Liegenschaft *[genaue Angabe der Adresse des Objekts]* im Zusammenhang mit dem Exekutionsverfahren vor dem BG *[Gericht]* zu der AZ *[AZ]* wider die verpflichtete Partei *[verpflichtete Partei]* in sämtlichen Handlungen zu vertreten, die zu der ordnungsgemäßen Räumung des Objekts *[genaue Angabe des zu räumenden Objekts]* notwendig und zweckmäßig sind.

Insbesondere ist die Vollmachtnehmerin zu folgenden Handlungen berechtigt:

- → Beauftragung eines Aufsperrdienstes sowie einer Spedition;
- → Beauftragung von Zeugen;
- → Vertretung der betreibenden Partei bei der durchzuführenden Räumungsexekution.

Die Vollmachtnehmerin ist weiters ermächtigt und bevollmächtigt, alle Maßnahmen zu setzen, Vereinbarungen und Verträge zu schließen, Erklärungen abzugeben und überhaupt alles zu unternehmen, was im Zusammenhang mit dieser Vertretung notwendig oder nützlich erscheint.

Die Vollmacht unterliegt österreichischem Recht.

Datum *[Datum]*

*[Unterschrift Vollmachtgeberin]*

Sofern jedoch ein Parteienvertreter für die betreibende Partei tätig wird, muss keine gesonderte Vollmacht vorgelegt werden. Diesbezüglich ist es ausreichend, wenn sich der Parteienvertreter auf die erteilte Vollmacht beruft.

Jedenfalls obliegt es allein der betreibenden Partei, für die ordnungsgemäße Räumung Sorge zu tragen. Hierauf wird diese bereits im Beschluss, mit welchem die Räumungsexekution bewilligt und sogleich der Räumungstermin festgesetzt wird, hingewiesen und unterbleibt der Vollzug, wenn nicht sämtliche Hilfskräfte bereitgestellt wurden.

### 5.4.2. Tätigkeit des Vollzugsorgans

Der Gerichtsvollzieher selbst überwacht die Räumung lediglich und vollzieht diese nicht, sofern die betreibende Partei ihre Aufträge nicht ordnungsgemäß erfüllt. Seine Aufgabe besteht sohin darin, Personen und bewegliche Sachen aus dem zu räumenden Objekt zu entfernen und die betreibende Partei wieder in den Besitz des zu übergebenden Objekts zu setzen, sodass die Verfügungsmacht von der verpflichteten auf die betreibende Partei übergeht.[343]

Hinsichtlich der Zulässigkeit zur Öffnung von verschlossenen Türen ergeben sich aus § 26a EO ergänzende Vorschriften. Bei Räumungsexekutionen werden insbesondere jene Voraussetzung der Z 3 sowie Z 4 relevant sein. Demnach dürfen verschlossene Haus- und Wohnungstüren geöffnet werden, wenn diese zu der der verpflichteten Partei bekannt gegebenen Vollzugszeit versperrt sind oder die anwesende Person die Türe nicht öffnet und die betreibende Partei nicht auf die Öffnung verzichtet. Zumal die Exekutionsbewilligung der verpflichteten Partei stets zugestellt wird, ist dieser auch die Vollzugszeit bekannt und die Voraussetzung der Z 3 zur Öffnung der Türen jedenfalls erfüllt.

Absatz 2 des § 26a EO, welcher den Erlag eines Kostenvorschusses vorsieht, ist bei Räumungsexekutionen von keiner Relevanz, zumal die betreibende Partei ohnehin bereits nach § 349 EO Hilfskräfte bereitzustellen hat, deren Kosten sie auch vorläufig selbst zu tragen hat.

---

343 *Mini* in *Garber/Simotta* (Hrsg), EO – Exekutionsordnung (2023) zu § 349 EO Rz 23; MietSlg 33.745.

Wenn es notwendig erscheint, ist das Vollzugsorgan befugt, gemäß § 26 Abs 2 EO Sicherheitsorgane beiziehen. Sofern der betreibenden Partei bereits bekannt ist, dass die verpflichtete Partei möglicherweise Widerstand leisten könnte, ist es sohin empfehlenswert, mit dem Vollstreckungsorgan sogleich Kontakt aufzunehmen und es hierüber in Kenntnis zu setzen, um allfällige Verzögerungen des Vollzugs zu vermeiden.

### 5.4.3. Kosten der Räumung

Die für den Vollzug der Räumungsexekution auflaufenden Kosten und sohin insbesondere jene Kosten, die für die Bereitstellung der Hilfskräfte anfallen, sind zunächst von der betreibenden Partei selbst vorzuschießen. Diese Kosten sind in weiterer Folge jedoch gemäß § 74 EO als weitere Exekutionskosten von der verpflichteten Partei zu tragen (siehe hierzu im Detail 5.5.3.).

Ebenfalls ersetzt werden die Kosten für anwaltliche Intervention bei dem Exekutionsvollzug. Die Entlohnung erfolgt in diesem Zusammenhang nach TP 7 des RATG jedoch lediglich dann, wenn die Teilnahme eines Rechtsanwaltes oder eines Rechtsanwaltsanwärters erforderlich war. Abs 2 des TP 7 stellt jedoch sodann klar, dass die Beteiligung am Vollzug in der Regel erforderlich ist, es sei denn, dass die Beteiligung aus besonderen Gründen nicht erforderlich war.[344]

Sofern die Räumung aus Gründen, welche aus der Sphäre der betreibenden Partei herrühren, nicht vollzogen werden konnte, sind die Interventionskosten nicht zuzusprechen. Dies wird insbesondere dann der Fall sein, wenn die betreibende Partei nicht die notwendigen Hilfskräfte bereitgestellt hat.[345]

### 5.4.4. Unterbleiben des Räumungstermins

Häufig kommt es vor, dass das Objekt bereits vor dem anberaumten Räumungstermin zurückgestellt wird oder die Parteien sich anderweitig, beispielsweise

344 *Höllwerth* in *Deixler-Hübner* (Hrsg), Exekutionsordnung (38. Lfg 2023) zu § 349 EO Rz 76.
345 MietSlg 36.880, MietSlg 39.844.

mittels Ratenzahlungsvereinbarung und Verbleib im Mietobjekt, einigen. Dies ist insbesondere auch für die verpflichtete Partei empfehlenswert, zumal sodann die Kosten für die exekutive Räumung, insbesondere jene für die Hilfskräfte, nicht anfallen.

## PRAXISTIPP: FREIWILLIGE RÜCKSTELLUNG

Empfehlenswert ist es, nach Zustellung der Exekutionsbewilligung die ehemaligen Mieter zu kontaktieren und diese zur Räumung des Mietobjekts aufzufordern, sofern dies nicht schon nach Erlangung des Exekutionstitels selbst geschehen ist.

Dies bietet der betreibenden Partei einerseits einen zeitlichen Vorteil, zumal Räumungstermine im Durchschnitt erst mehrere Monate nach der Bewilligung der Räumungsexekution anberaumt werden, sowie andererseits auch einen wesentlichen Kostenvorteil für die verpflichtete Partei.

In diesem Zusammenhang ist jedoch insbesondere darauf zu achten, dass das Vollzugsorgan erst nach erfolgreicher Rückstellung darüber informiert wird, dass der Räumungstermin nicht benötigt wird. Sofern das Objekt nicht ordnungsgemäß zurückgestellt wird, insbesondere Fahrnisse zurückgelassen wurden, kann die exekutive Räumung sodann noch immer in Anspruch genommen werden und können die Kosten der Entsorgung als weitere Exekutionskosten bestimmt werden.

In diesen Zusammenhang ist insbesondere relevant, dass mit einem unbesucht gelassenen Räumungstermin nicht zugleich die Einstellung der Räumungsexekution einhergeht. Dies kann insbesondere im Zusammenhang mit Ratenzahlungsvereinbarungen ein probates Mittel für die betreibende Partei darstellen, zumal bei Terminverlust sogleich die Räumungsexekution fortgesetzt werden kann. Besonders zu beachten ist, dass bei Verzicht auf die Räumung des Bestandgegenstandes das Bestandverhältnis als fortgesetzt gilt (siehe hierzu im Detail Kapitel 2.).

Zu beachten ist jedoch, dass, sofern die verpflichtete Partei das Objekt ordnungsgemäß zurückgestellt hat (sohin die Bestandsache geräumt von eigenen

Fahrnissen an die betreibende Partei übergeben hat) das Geschuldete erfüllt wurde und die Exekution gemäß § 39 EO einzustellen ist.[346]

Ein Sonderfall besteht, wenn die verpflichtete Partei das Objekt nach der Räumung – unabhängig davon, ob diese freiwillig oder mittels zwangsweiser Räumung erfolgte – später wieder eigenmächtig in Besitz nimmt. Eine abermalige Räumung kann nicht aufgrund des ersten Exekutionstitels vollstreckt werden, es muss sohin ein neuer Exekutionsantrag eingebracht werden.[347] In diesem Zusammenhang ist es in der Praxis dementsprechend empfehlenswert, dass Schlösser zügig ausgetauscht werden.

## 5.5. Nach der Räumung

### 5.5.1. Beendigung der Räumungsexekution

Die Räumungsexekution ist beendet, sobald das geräumte Objekt an die betreibende Partei übergeben wurde. Eine Aufschiebung oder Einstellung der Räumungsexekution ist demgemäß ab diesem Zeitpunkt nicht mehr möglich. Die Exekution ist auch dann als beendet anzusehen, sofern noch einzelne Fahrnisse im Objekt verblieben sind und die betreibende Partei diese Gegenstände sohin in ihre Gewahrsame übernommen hat.[348]

Abgesehen von der Bestimmung der Kosten oder dem Verkauf verwahrter Gegenstände, ist sohin mit der Beendigung der zwangsweisen Räumung die Tätigkeit des Exekutionsgerichts beendet. Formal ist die Beendigung dem Protokoll über den Vollzug der Räumungsexekution zu entnehmen.[349]

Eine bereits durchgeführte Räumungsexekution kann sodann auch nicht mehr im Exekutionsverfahren rückgängig gemacht werden, zumal es sich bei der Durchführung der zwangsweisen Räumung um einen tatsächlichen Vorgang handelt.[350]

---

346 MietSlg 47.117.

347 *Klicka* in *Angst/Oberhammer*, EO3 § 349 EO (Stand 1.7.2015, rdb.at) Rz 12.

348 RS0002120.

349 *Höllwerth* in *Deixler-Hübner* (Hrsg), Exekutionsordnung (38. Lfg 2023) zu § 349 EO Rz 41.

350 RS0004476; RS0004447.

### 5.5.2. Delogierungsgut

**Verwahrung und Stellung der verwahrenden Person**

§ 349 Abs 2 EO regelt, wie mit den wegzuschaffenden beweglichen Gegenständen, welche nicht den Gegenstand der Exekution bilden, weiter zu verfahren ist. In erster Linie ist vorgesehen, dass das Vollstreckungsorgan die Gegenstände der verpflichteten Partei zu übergeben hat. Sofern die verpflichtete Partei selbst abwesend ist, was in der Praxis zumeist der Fall ist, kann die Übergabe einerseits an eine bevollmächtigte Person der verpflichteten Partei oder ein volljähriges Familienmitglied erfolgen oder sind die Fahrnisse andererseits auf Kosten der verpflichteten Partei zu verwahren. Trägt die Kosten der Verwahrung zunächst die betreibende Partei, sind diese als ersatzfähige Kosten des Exekutionsverfahrens anzusehen.[351]

Werden die Fahrnisse verwahrt, wird diese Verwahrung durch das Vollstreckungsorgan begründet Hierfür bedarf es keiner Beschlussfassung durch das Exekutionsgericht und trifft das Gericht auch selbst keine Verwahrungspflicht.[352] Auch den Ort der Verwahrung bestimmt das Vollstreckungsorgan. Sofern es zweckmäßig ist, können die Gegenstände auch bei der betreibenden Partei belassen werden, was bedeutet, dass diese im geräumten Objekt verbleiben und sodann die betreibende Partei zum Verwahrer wird. Der Verwahrer, gleichwohl, ob es sich hierbei um das Vollstreckungsorgan oder die betreibende Partei handelt, hat sodann die Stellung eines Sequesters iSd § 968 ABGB und sind sohin dessen Rechte und Pflichten nach den Grundsätzen des Verwahrungsvertrages zu beurteilen.[353]

Dass die Verwahrung nach den Grundsätzen des Verwahrungsvertrages zu beurteilen ist, ist unstrittig. Unklar ist jedoch, wer die Vertragsparteien des Verwahrungsvertrages sind. Die herrschende Meinung geht davon aus, dass der Vertrag zwischen der verpflichteten Partei und dem Verwahrer, dementsprechend mit dem Gerichtsvollzieher oder der betreibenden Partei, zustande kommt.[354]

---

351 MietSlg 65.824.

352 *Höllwerth* in *Deixler-Hübner* (Hrsg), Exekutionsordnung (38. Lfg 2023) zu § 349 EO Rz 43.

353 *Mini* in GeKo Wohnrecht I § 349 EO (Stand 1.10.2017, rdb.at) Rz 95; RS0004422.

354 *Mini* in *Garber/Simotta* (Hrsg), EO – Exekutionsordnung (2023) zu § 349 EO Rz 46.

Zumal es sich bei der Verwahrung eben um keinen hoheitlichen Akt handelt, sondern wie bereits erwähnt um ein Vertragsverhältnis zwischen der verwahrenden Person und der verpflichteten Partei, haftet der Verwahrer auch persönlich und unmittelbar für die Vernachlässigung pflichtgemäßer Obsorge der verwahrten Gegenstände.[355] Dies ist insbesondere im Zusammenhang mit der Ausfolgung der verwahrten Fahrnisse an eine dritte Person von Relevanz.

## PRAXISTIPP: VERWAHRUNG DES DELOGIERUNGSGUTS DURCH DIE BETREIBENDE PARTEI

Sofern Fahrnisse in dem geräumten Objekt verbleiben, nimmt die betreibende Partei die Stellung des Verwahrers ein. Zumal diese sodann persönlich und unmittelbar für den durch Vernachlässigung der pflichtgemäßen Obsorge verursachten Schaden haftet, ist hier besondere Vorsicht geboten.

Insbesondere dürfen Gegenstände nicht ohne Einschaltung des Gerichts verkauft werden. Auch ist bei dem Ort der Verwahrung darauf zu achten, dass keine nicht notwendigen Kosten anfallen. Sofern es nicht zweckmäßig ist, die Gegenstände einer dritten Person in Verwahrung zu geben, haftet die betreibende Partei für den dadurch entstandenen Schaden, der ansonsten nicht eingetreten wäre. Dies bedeutet, dass die Verwahrungskosten sodann nicht als weitere Kosten des Exekutionsverfahrens geltend gemacht werden können.

Auch dürfen die verwahrten Gegenstände nicht ohne Zwischenschaltung des Gerichts veräußert werden. Der verpflichteten Partei steht es schließlich frei, die in Verwahrung genommenen Fahrnisse jederzeit abzuholen. Diese Möglichkeit steht der verpflichteten Partei selbst noch im Zuge des Verkaufsverfahrens offen.[356]

Selbstverständlich müssen die verwahrten Gegenstände jedoch nicht an die verpflichtete Partei ausgefolgt werden, sofern die Verwahrungskosten von dieser noch nicht beglichen wurden. Der betreibenden Partei steht sohin ein

355 *Höllwerth* in *Deixler-Hübner* (Hrsg), Exekutionsordnung (38. Lfg 2023) zu § 349 EO Rz 44.
356 MietSlg 73.700.

Zurückbehaltungsrecht an den verwahrten Gegenständen zu, solange die Kosten der Verwahrung nicht beglichen wurden.[357]

**Verkauf des Delogierungsguts**

Zumal die Kosten der Verwahrung zunächst von der betreibenden Partei zu tragen sind und diese Kosten, je nachdem wie groß die verwahrten Gegenstände sind oder wie viele Gegenstände zu verwahren sind, relativ hoch ausfallen können, ist eine rasche Verwertung naturgemäß im Interesse der betreibenden Partei. Es ist ein Verkaufsverfahren einzuleiten.

Das Verkaufsverfahren dient sohin in erster Linie dazu, die betreibende Partei vor einer allzu langen und kostenintensiven Verwahrung zu schützen. § 349 Abs 2 EO normiert die Voraussetzungen für die Einleitung des Verkaufsverfahrens wie folgt:

- Die Gegenstände sind vom Vollzugsorgan, oder unter Anordnung des Vollzugsorganes von der betreibenden Partei in Verwahrung genommen worden.
- Die verpflichtete Partei zögert mit der Rückforderung der verwahrten Fahrnisse oder ist mit der Begleichung der Verwahrungskosten in Verzug (ein objektiver Verzug ist ausreichend[358]).
- Die betreibende Partei hat die verpflichtete Partei zuvor unter Androhung des Verkaufes zur Abholung der eingelagerten Fahrnisse aufgefordert. Diese Androhung kann bereits mit der Festsetzung des Räumungstermines, nicht jedoch früher erfolgen.[359]
- Personen, denen die verwahrten Gegenstände womöglich verpfändet wurden oder die sonstige Ansprüche auf diese haben könnten, wurden zuvor verständigt.
- Es wurden von keiner dritten Person Rechte an den verwahrten Gegenständen geltend gemacht. Hierbei ist jedoch ins Treffen zu führen, dass die Geltendmachung von Rechten Dritter die Verwertung der verwahrten Fahrnisse nicht verhindern kann, zumal diese im ordentlichen Rechtsweg geltend zu machen sind.[360]

---

[357] MietSlg 62.890 mwN.

[358] *Höllwerth* in *Deixler-Hübner* (Hrsg), Exekutionsordnung (38. Lfg 2023) zu § 349 EO Rz 48.

[359] *Mini* in GeKo Wohnrecht I § 349 EO Rz 117 (Stand 1.10.2017, rdb.at). Rz 117.

[360] *Mini* in GeKo Wohnrecht I § 349 EO (Stand 1.10.2017, rdb.at) Rz 112.

Sofern die obigen Voraussetzungen nicht vorliegen, darf der Verkauf nicht bewilligt werden. Die Verkaufsverfügung ist mittels Rekurses anfechtbar.[361] Empfehlenswert ist es sohin, die Verkaufsandrohung mittels eingeschriebenen Briefes vorzunehmen, sodass eine wirksame Zustellung, welche zwingende Voraussetzung ist, nachgewiesen werden kann.

## PRAXISTIPP: ANDROHUNG DES VERKAUFS/ ZUSTELLUNG DER ANDROHUNG

Um Probleme hinsichtlich der Zustellung zu vermeiden, ist es empfehlenswert, den Verkauf des Delogierungsguts der verpflichteten Partei gegenüber zugleich mit der Bekanntgabe des Räumungstermines anzudrohen, zumal zu diesem Zeitpunkt die Abgabestelle der verpflichteten Partei noch bekannt ist.

Häufig wird in der Praxis vergessen, die neue Abgabestelle der verpflichteten Partei in Erfahrung zu bringen bzw verabsäumt es diese, einen neuen Hauptwohnsitz zu melden. Als Konsequenz können nach Durchführung der Räumung sodann keine Zustellungen mehr vorgenommen werden und wäre bei unbekanntem Aufenthalt der verpflichteten Partei ein Zustellkurator zu bestellen. Die Kosten für diesen sind vorerst gemäß § 118 Abs 2 ZPO von der betreibenden Partei zu tragen.

Nach § 8 ZustG hat die verpflichtete Partei, welche Kenntnis über ein laufendes Verfahren hat, ihre neue Abgabestelle unverzüglich mitzuteilen. Unterlässt diese die Mitteilung jedoch, kann die Zustellung durch Hinterlegung ohne vorangehenden Zustellversuch vorgenommen werden, falls eine Abgabestelle nicht ohne Schwierigkeiten festgestellt werden kann. Für die Kenntnis über ein laufendes Verfahren reicht die mit der Exekutionsbewilligung erfolgte und zugegangene Androhung des Verfahrens nach § 349 Abs 2 EO aus.[362]

Der Verkaufsantrag kann sodann nicht nur von der betreibenden Partei, sondern von jedem Beteiligten gestellt werden. In der Praxis wird dies zumeist die betreibende Partei sein und steht dieser hierfür auch Kostenersatz zu.[363]

---

361 *Klicka* in *Angst/Oberhammer*, EO³ § 349 EO (Stand 1.7.2015, rdb.at) Rz 34.

362 MietSlg 44.897.

363 MietSlg 42.553.

Die Durchführung des Verkaufs erfolgt sodann durch den Gerichtsvollzieher. Zumal es sich lediglich um einen Teil der Räumungsexekution handelt, ist keine selbstständige Fahrnisexekution und sohin auch kein eigener Exekutionstitel notwendig.[364] Die Eröffnung eines Insolvenzverfahrens über das Vermögen der verpflichteten Partei beeinflusst das Verkaufsverfahren nicht.[365]

Zumal der Verkauf des Delogierungsguts sinngemäß der Fahrnisexekution ähnelt, werden sinngemäß auch die Bestimmungen über die Fahrnisexekution auf das Verkaufsverfahren angewendet. Dies bedeutet, dass die Fahrnisse öffentlich versteigert werden.

**Verkaufserlös**

Sobald die Versteigerung beendet ist, ist auch das Verwertungsverfahren beendet. Der verpflichteten Partei steht es jedoch bis zu dessen Beendigung noch offen, die Fahrnisse auch noch im Zuge des Versteigerungsverfahrens vom Verwahrer abzuholen.[366]

Wurden die Fahrnisse bei Nichtabholung der verpflichteten Partei sodann versteigert, stellt sich in erster Linie selbstverständlich die Frage, was mit dem Verkaufserlös zu geschehen hat. Insbesondere sind lediglich die Verwahrungs- und Veräußerungskosten aus dem Verkaufserlös zu berichtigen. Als Kosten der Verwahrung gelten besonders die Lagergebühren, unter die Verkaufskosten fallen sodann unter anderem Kosten für die Überstellung der Fahrnisse in das Versteigerungshaus oder Kosten eines Sachverständigen zur Schätzung der Fahrnisse. Jene Kosten, die erst nach der Versteigerung anfallen, beispielsweise für die Abholung der Fahrnisse aus dem Versteigerungshaus, stellen jedenfalls keine ersatzfähigen Exekutionskosten dar.[367]

Dies bedeutet jedoch, dass die betreibende Partei kein Anrecht auf Ausfolgung des darüberhinausgehenden Verkaufserlöses hat. Ergibt sich nach Berichtigung der Verwahrungs- und Veräußerungskosten noch ein Überschuss, ist dieser für die verpflichtete Partei gemäß § 349 Abs 3 EO gerichtlich zu

---

364 MietSlg 47.738.

365 *Höllwerth* in *Deixler-Hübner* (Hrsg), Exekutionsordnung (38. Lfg 2023) zu § 349 EO Rz 47.

366 *Mini* in *Garber/Simotta* (Hrsg), EO – Exekutionsordnung (2023) zu § 349 EO Rz 58 f.

367 *Mini* in GeKo Wohnrecht I § 349 EO (Stand 1.10.2017, rdb.at) Rz 127.

hinterlegen und kann diese ihn jederzeit beheben, sofern an den Fahrnissen keine exekutiven Pfandrechte bestanden haben. Es findet dementsprechend kein Verteilungsverfahren statt und hat die betreibende Partei, sofern diese kein exekutives Pfandrecht an den Fahrnissen erworben hat, auch keinen Anspruch auf Ausfolgung des verbleibenden Verkaufserlöses.[368]

### 5.5.3. Kostenbestimmungsantrag

Die betreibende Partei hat Anspruch auf den Ersatz der Kosten der Bereitstellung von Arbeitskräften und Beförderungsmitteln, soweit deren Beiziehung zur zweckentsprechenden Rechtsverfolgung notwendig waren. Diese Kosten der zur Durchführung der Räumung notwendigen Mittel hat die verpflichtete Partei gemäß § 74 EO zu ersetzen, und zwar im Umfang der tatsächlich angefallenen Kosten inklusive Umsatzsteuer, selbst wenn die betreibende Partei selbst zum Vorsteuerabzug berechtigt ist.[369]

**Frist und Form des Kostenbestimmungsantrags**
Unbedingte Voraussetzung für den Kostenersatzanspruch ist ein rechtzeitiger Kostenbestimmungsantrag. Dieser ist gemäß § 74 Abs 2 EO iVm § 54 Abs 2 ZPO binnen vier Wochen nach der Räumung und sohin nach Übergabe des geräumten Objekts an die betreibende Partei einzubringen.[370]

Zumal zugleich mit dem Kostenbestimmungsantrag auch sämtliche Belege vorzulegen sind, stellt sich die Einhaltung dieser Frist oft als problematisch dar. In der Praxis legen beispielsweise die Spedition oder der Schlosser oft deutlich später die Rechnungen ihrer bei der Räumungsexekution erbrachten Leistungen. Werden diese Rechnungen erst später, dementsprechend mehr als vier Wochen nach dem stattgefundenen Räumungstermin, gelegt, wäre die Frist für den Kostenbestimmungsantrag bereits verstrichen. Um diesem Problem entgegenzuwirken, gilt bei späterer Rechnungslegung sodann der Zeitpunkt der Rechnungslegung und dementsprechend der Zugang der Rechnung als jener Zeitpunkt, der die Notfrist von vier Wochen in Gang setzt.[371]

---

368 *Höllwerth* in *Deixler-Hübner* (Hrsg), Exekutionsordnung (38. Lfg 2023) zu § 349 EO Rz 49.

369 MietSlg 35.867.

370 MietSlg 43.543.

371 MietSlg 75.614 mwN.

## PRAXISTIPP: FRISTWAHRUNG DES KOSTEN-BESTIMMUNGSANTRAGS

Zur Fristwahrung empfiehlt es sich jedoch, trotz der vorherigen Ausführungen zur späteren Rechnungslegung sogleich mit Kalendierung des Räumungstermines auch die Frist zur Einbringung des Kostenbestimmungsantrags binnen vier Wochen ab Räumung des Objekts einzutragen und diese Frist auch zu wahren, zumal eine genaue Fristsetzung bei unbekanntem Rechnungseingang nur schwer möglich ist.

Sofern vereinzelte Rechnungen erst später bei der betreibenden Partei einlangen, können diese Kosten gesondert binnen vier Wochen ab Zustellung der Rechnung geltend gemacht werden.

### Ersatzfähige Kosten

Nicht sämtliche mit der Räumung verbundenen Kosten sind ersatzfähig. Hinsichtlich der möglichen im Kostenbestimmungsantrag geltend zu machende Kosten gibt es zahlreiche Rechtsprechung. Ersatzfähig sind lediglich jene Kosten, die zur zweckentsprechenden Rechtsverfolgung notwendig waren.

Folgende Übersicht soll sohin einen groben Überblick über die am häufigsten anfallenden Kosten und deren Ersatzfähigkeit im Rahmen des Kostenbestimmungsverfahrens geben.

| Kosten | Ersatz-fähigkeit | Anmerkungen |
|---|---|---|
| Reinigung | nein | Reinigungskosten gehören nicht zu der Verwirklichung des Exekutionstitels, diese sind dementsprechend nicht ersatzfähig.[372] |
| Kosten für Ausmalarbeiten | nein | Ebenso wenig sind Kosten für Ausmalarbeiten ersatzfähig, zumal diese nicht zur Verwirklichung des Exekutionstitels notwendig sind und erst nachträglich bei der betreibenden Partei anfallen. |
| Kosten für bauliche Umgestaltungen/Wiederherstellung des früheren Zustands | nein | Die bauliche Umgestaltung oder die Wiederherstellung des früheren Zustandes sind nicht Gegenstand des Mietzins- und Räumungsverfahrens, weshalb diese Kosten auch nicht ersatzfähig sind.[373] |
| Entrümpelung (Entfernung wertloser Gegenstände) | ja | Zumal eine dem Exekutionstitel entsprechende Übergabe des Bestandobjekts auch die Entfernung wertloser Fahrnisse voraussetzt, sind Entrümpelungskosten als Kosten des Exekutionsverfahrens anzusehen und dementsprechend ersatzfähig.[374] |
| Schlosser (Kosten der Öffnung) | ja | Die Kosten der Beiziehung eines Schlossers stellen ersatzfähige Kosten dar. Die Ersatzfähigkeit ist davon unabhängig, ob die Öffnung durch den Schlosser tatsächlich erforderlich war oder nicht.[375] |
| Schlosser (Einbau eines neuen Schlosses) | nein | Die Kosten für die Demontage eines Schlosses sowie die Anbringung eines neuen Schlosses sind nicht zur zweckentsprechenden Rechtsverwirklichung der Räumung notwendig, sondern dienen lediglich der außerhalb der Räumungsexekution liegenden Behebung von Schäden bzw der Wiederherstellung des Mietobjekts. Selbst wenn das Schloss zerstört werden musste, um die Räumung durchzuführen, sind die Kosten eines neuen Schlosses nicht ersatzfähig.[376] |
| Kosten im Zusammenhang mit der Beantragung des Verkaufs von Fahrnissen | ja | Sofern die verpflichtete Partei gezögert hat verwahrte Fahrnisse zurückzufordern, steht es der betreibenden Partei offen, den Verkauf zu veranlassen. Die mit dem Antrag verbundenen Kosten sind ersatzfähig.[377] |
| Bereitstellung von Arbeitskräften sowie von Transportmitteln | ja | Zumal die betreibende Partei sämtliche Vorkehrungen zur Durchführung der Räumungsexekution zu treffen hat, fallen ebenfalls die Bereitstellung von Arbeitskräften sowie die von Transportmitteln unter die ersatzfähigen Kosten.[378] |

372 MietSlg 34.832.
373 MietSlg 35.872
374 MietSlg 29.688.
375 MietSlg 37.826; MietSlg 30.823.
376 MietSlg 38.845; 35.865.
377 MietSlg 42.553
378 MietSlg 37.826

| Kosten | Ersatz-fähigkeit | Anmerkungen |
|---|---|---|
| Beiziehung von Zeugen | nein | Mangels Rechtsgrundlage wird für die Beiziehung von Delogierungszeugen kein Kostenersatz zugesprochen. |
| Kosten der Intervention der betreibenden Partei | ja | Jene Kosten, die für die Teilnahme der betreibenden Partei an der Räumungsexekution anfallen, werden ersetzt, sofern der Räumungstermin nicht aufgrund seines Verschuldens gescheitert ist (beispielsweise weil sonstige Hilfsmittel nicht bereitgestellt wurden).[379] |
| Lagerkosten | nein | Kosten von Maßnahmen, die erst nachträglich bei der betreibenden Partei anfallen, gehören nicht zu den Kosten der Räumungsexekution.[380] |
| Abschleppdienst | nein | Sofern ein Pkw-Abstellplatz zu räumen ist bedarf es nicht der Beiziehung eines Abschleppdienstes, um festzustellen, ob dieser leer ist. Die Kosten sind sohin nicht zur zweckentsprechenden Rechtsverfolgung notwendig.[381] |
| Installateur/Elektriker (im Zusammenhang mit der Demontage) | ja | Kosten, die durch die Beiziehung eines Installateurs oder Elektrikers für die Entfernung von Fahrnissen entstehen, sind ersatzfähig. Häufig wird es sich hierbei um die Demontage von Waschmaschinen, Geschirrspülern oder Ähnlichem handeln.[382] |
| Beiziehung eines Schätzmeisters | ja | Die Kosten für die Beiziehung eines Schätzmeisters sind zur zweckentsprechenden Rechtsverfolgung notwendig, wenn es sich bei den wegzuschaffenden Fahrnissen um wertloses Gerümpel handelt und die Unbrauchbarkeit bzw Wertlosigkeit vor Verbringung auf eine Deponie festgestellt werden musste.[383] |

379 MietSlg 35.864.
380 *Jakusch* in *Angst/Oberhammer*, EO$^3$ § 74 EO (Stand 1.7.2015, rdb.at) 58/3.
381 MietSlg 56.814.
382 MietSlg 56.814.
383 MietSlg 34.833.

# 6. Nach Beendigung des Exekutionsverfahrens

*Katharina Rauter*

Nach Beendigung des Räumungsexekutionsverfahrens und der Rückstellung des Bestandobjekts kann die Angelegenheit in den wenigsten Fällen als erledigt angesehen werden. In diesem Kapitel wird näher erläutert, für welche Forderungen eine vom Mieter erlegte Kaution herangezogen werden darf und was es dabei zu beachten gilt. Sofern Schäden am Bestandobjekt festgestellt wurden, liegt das Interesse des Bestandgebers darin, diese in größtmöglichen Umfang geltend zu machen. Es ist zu berücksichtigen, dass nicht sämtliche am Bestandobjekt entstandene Schäden auf den Bestandnehmer übergewälzt werden dürfen. Sofern die erlegte Kaution einen etwaigen Mietzinsrückstand oder entstandene Schäden nicht deckt, müssen diese Forderungen gerichtlich geltend gemacht werden, sofern der Bestandnehmer die offenen Forderungen nicht freiwillig begleicht.

## 6.1. Kautionsabrechnung

**Rückstellung des Bestandobjekts**

Sobald das (Räumungs-)Exekutionsverfahren beendet ist, das Mietobjekt sohin zurückgestellt und vom Bestandnehmer eine Kaution erlegt wurde, ist eine Kautionsabrechnung vorzunehmen.

Wurde das Bestandobjekt zurückgestellt, unabhängig davon, ob im Zuge einer Räumungsexekution oder freiwillig, entsteht mangels gegenteiliger Vereinbarung der Parteien der Anspruch des Bestandnehmers auf Rückforderung der Kaution. Für den Bestandgeber besteht jedoch die Möglichkeit, die vereinbarungsgemäß zu sichernden Forderungen aus dem Bestandverhältnis mit dem Rückforderungsanspruch aufzurechnen.[384]

### PRAXISTIPP: RÜCKSTELLUNGSPROTOKOLL

So wie auch bei der Übergabe des Bestandobjekts ist es ratsam, bei der Rückstellung ein Protokoll hinsichtlich des Zustands des Bestandobjekts zu erstellen.

Darin sollten genauestens der Zustand des Bestandobjekts festgehalten sowie etwaige Mängel, bestenfalls mit Fotodokumentation, aufgenommen werden. Sofern der Bestandnehmer selbst bei der Rückstellung anwesend ist, empfiehlt es sich, diesen auf dem Rückstellungsprotokoll samt Bekanntgabe seiner neuen Adresse unterschreiben zu lassen, um Konflikten bezüglich der Kautionsabrechnung im Zusammenhang mit der Rückstellung des Mietobjekts und der daran anschließenden Kautionsabrechnung bestmöglich vorbeugen zu können.

„Rückstellung des Bestandobjekts“ in diesem Zusammenhang bedeutet, dass dem Bestandgeber die tatsächliche Verfügungsgewalt über das Bestandobjekt verschafft wurde, sämtliche Fahrnisse entfernt sowie alle Schlüssel übergeben wurden. Im Übrigen sind die Regelungen des Bestandvertrags zu beachten (siehe Kapitel 2.). Doch selbst wenn das Bestandobjekt nicht in vereinbarungsgemäßen Zustand zurückgestellt wird, wie dies häufig bei exekutiven Räumungen der Fall ist, kann der Bestandgeber die Annahme nicht verweigern. Sodann stehen

[384] MietSlg 62.033.

lediglich Schadenersatzansprüche zu und kann ab diesem Zeitpunkt die Gegenforderung aufrechnungsweise dem Anspruch auf Rückstellung der Kaution entgegengehalten werden.[385]

**Frist zur Legung der Kautionsabrechnung**

Zumal laut Gesetz der Anspruch auf Rückzahlung der Kaution unverzüglich mit Rückstellung des Mietobjekts entsteht, stellt sich die Frage, innerhalb welchen Zeitraumes die Kautionsabrechnung zu erfolgen hat. Insbesondere da Schäden häufig nicht sofort beziffert werden können, wenn beispielsweise noch Kostenvoranschläge im Hinblick auf die Sanierung eingeholt werden müssen, ist eine „unverzügliche" Rückzahlung nicht möglich.

Fest steht, dass die Kaution jedenfalls nicht für noch nicht feststehende Forderungen zurückbehalten werden darf.[386] Solche Forderungen müssen allenfalls im Nachhinein gesondert gerichtlich (siehe Kapitel 6.4.) geltend gemacht werden.

Dem Bestandgeber wird jedoch eine angemessene Frist zur Besichtigung und Prüfung des Bestandgegenstandes eingeräumt.[387] Welche Frist als angemessen gilt, richtet sich nach dem konkreten Einzelfall. Jedenfalls ist dem Bestandnehmer zuzubilligen, den Bestandgegenstand eingehend zu besichtigen, etwaige mit in Bestand genommene Gerätschaften zu prüfen, Schäden festzustellen, Kosten der Mängelbehebung zu ermitteln sowie etwaige Kostenvoranschläge einzuholen.[388] Selbiges gilt, wenn im Bestandobjekt Fahrnisse verblieben sind und diese beispielsweise zwischengelagert werden müssen, um eine Neuvermietung des Bestandobjekts zu ermöglichen. In einem solchen Fall wird es dem Bestandgeber zugebilligt, die Kaution so lange zurückzubehalten bis geklärt werde kann, wie mit den Fahrnissen zu verfahren ist und ob dem Bestandgeber hieraus weitere Ersatzansprüche zustehen.[389]

Eine Rückzahlung der Kaution Zug um Zug gegen Rückstellung des Bestandobjekts wird sohin in den meisten Fällen nicht möglich sein und von der Rechtsprechung auch nicht verlangt. Empfehlenswert ist es jedoch, dass die

[385] *Schinnagl* in GeKo Wohnrecht I § 16b MRG (Stand 1.10.2017, rdb.at) Rz 48.
[386] MietSlg 64.312.
[387] MietSlg 71.294; MietSlg 62.033.
[388] *Schinnagl* in GeKo Wohnrecht I § 16b MRG (Stand 1.10.2017, rdb.at) Rz 49.
[389] MietSlg 64.311.

Kautionsabrechnung so rasch wie möglich erfolgt, um etwaigen Problemen vorzubeugen.

**Form der Kautionsabrechnung**

Mit Legung der Kautionsabrechnung erfolgt auch die außergerichtliche Aufrechnung etwaiger Gegenforderungen des Bestandgebers. Diese muss zumindest schlüssig erfolgen. In der Praxis verfügen die Hausverwaltungen jedoch über normierte Formulare, mit welchen die Kautionsabrechnung erfolgt.

Unbedingte Voraussetzung der erfolgreichen außergerichtlichen Aufrechnung ist jedoch, dass konkrete Gegenforderungen geltend gemacht werden. Konkret bedeutet in diesem Zusammenhang, dass die Forderung nach dem Grund und der Höhe substanziiert anzuführen ist. Dies bedeutet, dass nicht pauschal mit „Schäden" aufgerechnet werden darf. Nicht notwendig ist es jedoch, dass etwaige Arbeiten bereits durchgeführt wurden. Es ist sohin ausreichend, wenn die Aufrechnung auf Basis von Kostenvoranschlägen vorgenommen wird.[390]

## PRAXISTIPP: AUFRECHNUNG MIT MIETZINS-RÜCKSTÄNDEN/BENÜTZUNGSENTGELT

Häufig entstehen nach Erhalt des rechtskräftigen Titels weitere Mietzinsrückstände und deckt die erlegte Kaution nicht sämtliche Schäden und Rückstände. Diese Forderungen müssten sohin nach Beendigung des Mietzins- und Räumungsverfahrens mit gesonderter Mahnklage geltend gemacht werden.

Sofern eine Kaution erlegt wurde, kann jedoch mit bereits entstandenen Mietzinsrückständen aufgerechnet werden.

Zumal für eine korrekte Aufrechnung im Rahmen der Kautionsabrechnung Grund und Höhe der Gegenforderungen angegeben werden müssen, lohnt es sich in diesem Zusammenhang explizit mit den jüngsten Forderungen aufzurechnen, welche nicht von dem bereits erlangten Titel umfasst sind.

Wird nicht explizit mit der jüngsten Forderung, sondern lediglich mit „Mietzinsrückständen" aufgerechnet, ist zwingend mit den Prozesskosten samt Zinsen und sodann mit den ältesten Forderungen aufzurechnen.

---

390 *Schinnagl* in GeKo Wohnrecht I § 16b MRG (Stand 1.10.2017, rdb.at) Rz 50.

Im Ergebnis bedeutet dies, dass der bereits erlangte Exekutionstitel geschmälert wird und die Exekution, sofern neben der Räumungsexekution auch eine Fahrnis- und Forderungsexekution zur Hereinbringung von Geldforderungen eingeleitet wurde, entsprechend einzuschränken ist.

## 6.2. Von der Kaution abzugsfähige Kosten

### 6.2.1. Allgemeines

Die Kaution dient zur Besicherung künftiger Forderungen aus dem Mietverhältnis, darunter fallen neben Mietzinsrückständen und Rückständen aus den Betriebskosten auch entstandene Schäden am Bestandobjekt (siehe Kapitel 6.3.).

Hinsichtlich Mietzinsrückständen und Rückständen aus Betriebskosten ist die Abzugsfähigkeit in den seltensten Fällen strittig. Probleme entstehen zumeist ob der Überwälzbarkeit von Schäden am Bestandobjekt, weshalb diese Positionen nachfolgend der näheren Betrachtung bedürfen.

In der Praxis wird zumeist entsprechend der gesetzlichen Grundlage des § 1109 ABGB vereinbart, dass der Bestandgegenstand, abgesehen von einer durch den vertragsgemäßen Gebrauch bewirkten Abnutzung, in einem ordentlichen Zustand und gereinigt zurückzustellen ist. Es wird sohin selten genauestens definiert, in welchem Zustand ein Bestandobjekt zurückzustellen ist und vor allem welcher Zustand über die „normale Abnutzung" hinausgeht.

Klar ist, dass der Bestandnehmer das Bestandobjekt geräumt von seinen eigenen Fahrnissen zurückzustellen hat und dass der Zustand bei der Rückstellung nicht exakt jenem Zustand entsprechen muss, welcher bei Übergabe vorlag, zumal schließlich die durch den vertragsgemäßen Gebrauch entstandenen Abnutzungserscheinungen bereits durch die Zahlung des Mietzinses abgegolten sind.[391]

Letztlich ist die Frage der Überwälzbarkeit der Kosten jedoch immer eine Frage des Einzelfalls und selbstverständlich auch eine Frage der Art der Nutzung des Bestandobjekts. Es ist schließlich einleuchtend, dass die normale

391 RS0020760.

Abnutzung eines Geschäftslokals anders zu beurteilen ist als die eines als Wohnung genutzten Bestandobjekts. Der Zustand ist dementsprechend sowohl nach der Übung des redlichen Verkehrs als auch nach dem Ortsgebrauch zu beurteilen.[392]

An dieser Stelle sei erwähnt, dass unwesentliche Veränderungen am Bestandobjekt ebenfalls zum üblichen Gebrauch zählen und sohin der gewöhnlichen Abnutzung gleichzuhalten sind, weshalb hierfür keine Haftung des Bestandnehmers besteht. Dementsprechend ist der Bestandnehmer bei unwesentlichen Veränderungen nicht zur Wiederherstellung des ursprünglichen Zustandes verpflichtet.[393]

Häufig werden jedoch Schäden, die durch den normalen Gebrauch entstehen, von der Kaution abgezogen. In der Praxis handelt es sich hierbei zumeist um Kratzer auf den Böden, verblasste Wandfarben, abgenutzte Dichtungen, welche durch Alterung oder Materialermüdung entstehen, oder abgenutzte Wasserhähne, Lichtschalter und Türgriffe. Als Faustregel gilt jedoch, dass sämtliche Abnutzung, die durch das normale „Wohnen“ entsteht, selbstverständlich unter Bedachtnahme des Bestandzwecks und des Zustands des Bestandobjekts im Zeitpunkt der Übergabe, den Bestandnehmer nicht ersatzpflichtig macht. Letztlich handelt es sich immer um eine Einzelfallbetrachtung und ist es aus diesem Grund, wie bereits erwähnt, sowohl bei der Übergabe als auch bei der Rückstellung empfehlenswert, ein Protokoll anzufertigen.

Sofern der Bestandnehmer das Bestandobjekt jedoch nicht in ordnungsgemäßen Zustand zurückstellt, ist der Bestandgeber jedenfalls gemäß § 1111 ABGB berechtigt, den Ersatz der Kosten der Herstellung des vertragsgemäßen Zustandes zu verlangen. Der Ersatzanspruch des Bestandgebers ist insbesondere nicht davon abhängig, dass die Ersatzvornahme bereits veranlasst wurde.[394]

Die Ansprüche aus der nicht ordnungsgemäßen Rückstellung müssen jedoch nicht zwingend mit der Kautionsabrechnung geltend gemacht werden. Häufig reicht die hinterlegte Kaution auch nicht aus, um sämtliche Kosten abzudecken, weshalb in weiterer Folge eine Mahnklage (siehe Kapitel 6.4.) zur Geltendmachung der die Kaution übersteigenden Kosten eingebracht werden muss.

---

392 MietSlg 60.149.

393 *Pesek* in *Schwimann/Kodek* (Hrsg), ABGB Praxiskommentar Band $7^5$ (2021) § 1109 ABGB Rz 17.

394 RS0020788.

### 6.2.2. Abzugsfähige Positionen

Die am häufigsten vorkommenden abzugsfähigen Positionen werden untenstehend überblicksmäßig dargestellt.

**Reparaturkosten**

Grundsätzlich sind Reparaturkosten für Schäden, die über die normale Abnutzung hinausgehen, abzugsfähig. Hierunter können beispielsweise beschädigte Böden, Löcher in Wänden und Fliesen oder kaputte Fenster sowie Jalousien fallen.

Beispielsweise wird jedoch nicht verlangt, dass Handtuchhalter im Badezimmer, selbst wenn sie mit Dübeln angebracht werden, zu entfernen sind.[395] Grundsätzlich gehört das Einschlagen von Nägeln und das Anbringen von Dübellöchern zur üblichen Nutzung, zumal kein Anspruch auf eine Rückstellung im makellosen Zustand besteht („gewöhnliche Abnutzung"). Sofern die Löcher sohin verspachtelt und übermalt wurden, ist dadurch ein Zustand hergestellt, der einer normalen Abnutzung entspricht. Dies gilt selbst dann, wenn die Malerarbeiten nicht vollends fachgerecht ausgeführt wurden.[396]

**Reinigungskosten**

Häufig findet sich in Bestandverträgen der Begriff „besenrein". Eine gesetzliche Definition dieses Begriffes gibt es nicht und naturgemäß divergieren die Vorstellung einer „besenreinen" Wohnung je nach persönlichen Vorstellungen stark.

In der Praxis bedeutet „besenrein", dass der Bestandnehmer die Wohnung zu kehren, grobe Verschmutzungen zu beseitigen hat und beispielsweise Spinnweben zu entfernen sind.[397]

Wird ein Bestandobjekt jedoch in einem stark verschmutzten Zustand zurückgestellt, können Kosten für die professionelle Reinigung von der Kaution abgezogen werden. Auch diesbezüglich ist abermals eine genaue (Foto-)Dokumentation sowie eine Rechnungslegung des Reinigungsunternehmens, in welcher die erbrachten Arbeiten detailliert aufgeschlüsselt sind, empfehlenswert.

395 MietSlg 47.115.

396 MietSlg 72.152.

397 *Lindner*, Die „besenreine" Übergabe einer Wohnung, immolex 2021/193, 409.

**Kosten für nicht durchgeführte Schönheitsreparaturen**

Sofern dem Bestandnehmer bestimmte Verpflichtungen im Bestandvertrag auferlegt wurden, können diese im Rahmen der Kautionsabrechnung ebenfalls geltend gemacht werden. In diesem Zusammenhang ist jedoch einerseits darauf zu achten, ob eine Überwälzung auf den Bestandnehmer überhaupt möglich ist (hier ist insbesondere bei Formularmietverträgen besondere Vorsicht geboten) oder ob es sich um ein zulässiges individuell vereinbartes Abgehen von der generellen Regelung des § 1109 ABGB handelt.

Grundsätzlich kann von der Bestimmung des § 1109 ABGB vertraglich in jede Richtung abgewichen werden. Verpflichtet sich beispielsweise der Bestandnehmer, das Bestandobjekt in „gutem und gebrauchsfähigem Zustand" zurückzustellen, sind regelmäßig hiervon auch die Beseitigung ernster Schäden und Zeitschäden umfasst, nicht jedoch bereits bei der Übergabe des Bestandobjekts vorhandenen Mängel.[398]

## PRAXISTIPP: AUSMALVERPFLICHTUNGEN, ENDRENOVIERUNGSVERPFLICHTUNGEN UND CO

Ob und mit welchem Inhalt Endrenovierungsvereinbarungen, nach denen sich der Bestandnehmer verpflichtet, das Bestandobjekt nach Beendigung des Bestandverhältnisses in einem bestimmten Zustand zurückzustellen, überhaupt rechtswirksam getroffen werden können, ist strittig.[399] In der Praxis sollte sohin bereits bei der Vertragserstellung ein Blick auf die aktuelle Klauseljudikatur geworfen werden sowie vom dispositiven Recht abweichende Vereinbarungen lediglich dann getroffen werden, wenn diese im Einzelnen ausgehandelt wurden (siehe Kapitel 2.).

Weiters empfiehlt es sich vor Legung der Kautionsabrechnung bzw vor einer etwaigen Klagseinbringung eingehend zu prüfen, ob die Kosten überhaupt auf den Bestandnehmer übergewälzt werden dürfen, um dahingehende Streitigkeiten zu vermeiden.

---

398 *Pesek* in *Schwimann/Kodek* (Hrsg), ABGB Praxiskommentar Band $7^5$ (2021) § 1109 ABGB Rz 23.

399 Höllwerth in GeKo Wohnrecht I § 1109 ABGB (Stand 1.10.2017, rdb.at) Rz 26.

## 6.3. Geltendmachung von Schäden am Bestandobjekt

### 6.3.1. Allgemeines

Während die in den vorherigen Kapiteln näher beleuchtete Bestimmung des § 1109 ABGB lediglich den Zeitpunkt und den Inhalt der Rückgabepflicht des Bestandnehmers regelt, normiert § 1111 ABGB sodann die Haftung für die Beschädigung an dem Bestandgegenstand. Wird die Sache nicht in jenem Zustand zurückgestellt, in welchem sie, selbstverständlich unter Bedachtnahme der gewöhnlichen Abnutzung, übernommen wurde, berechtigt dies den Bestandgeber vom Bestandnehmer iSd § 1111 ABGB Ersatz zu fordern.[400]

### 6.3.2. Umfang der Ersatzpflicht

Es handelt sich um eine Verschuldenshaftung, welche sämtliche Ansprüche aus Veränderungen des Bestandobjekts, die aus Sicht des Bestandgebers als Schaden zu beurteilen sind, umfasst. Hierunter fallen, neben den klassischen Beschädigungen, auch Ersatzansprüche wegen Verunreinigungen, Aufwendungen zur Entsorgung zurückgelassener Fahrnisse sowie Schadenersatzansprüche wegen fehlenden Inventars (siehe Kapitel 6.2.2.).[401]

Umfasst sind nicht nur Schäden, die durch eigenes Verschulden des Bestandnehmers entstanden sind, sondern auch Schäden, die durch die schuldhafte Beschädigung durch bestimmte Dritte (zB Afterbestandnehmer, Familienangehörige, Gäste, Hausgenossen, Dienstnehmer) verursacht wurden.[402]

Die Ersatzansprüche sind innerhalb eines Jahres nach Zurückstellung des Bestandstücks gerichtlich geltend zu machen. Beginn der Frist ist die (versuchte) Übergabe des Bestandobjekts, unabhängig davon in welchem Zustand dieses zurückgestellt wurde.[403]

Sofern Schäden am Bestandobjekt festgestellt werden und diese nicht durch die erlegte Kaution abgedeckt sind, ist es sohin empfehlenswert sich die ein-

---

400 RS0020800.

401 *Rosifka*, Die Rückstellung des Bestandgegenstands – ein Update, immolex 2011, 198.

402 *Höllwerth* in GeKo Wohnrecht I § 1111 ABGB (Stand 1.10.2017, rdb.at) Rz 9.

403 MietSlg 60.151.

jährige Frist zur Geltendmachung des Schadenersatzanspruches entsprechend zu kalendieren, da ansonsten die Ansprüche präkludieren und nicht mehr geltend gemacht werden können.

## 6.4. Mahnklage

### 6.4.1. Einleitung

Sofern nicht sämtliche Ansprüche des Bestandgebers aus dem Bestandverhältnis durch die erlegte Kaution abgedeckt sind, beispielsweise weil Schäden am Bestandobjekt entstanden oder nach Erlangung des Titels aus der Mietzins- und Räumungsklage weitere Rückstände aus dem Benutzungsentgelt angehäuft wurden und der Kautionsbetrag hierfür nicht ausreicht sowie der ehemalige Mieter auch nicht zahlungswillig ist, müssen diese Forderungen gerichtlich geltend gemacht werden.

Hierfür steht das Mahnverfahren zur Verfügung. Das Mahnverfahren, welches in § 244 ff ZPO normiert ist, dient dazu, Geldforderungen bis EUR 75.000,00 rasch geltend zu machen. Sofern die Mahnklage bestimmte Voraussetzungen erfüllt, wird in weiterer Folge ohne vorangegangene mündliche Verhandlung ein Zahlungsbefehl erlassen. Dies hat den Vorteil, dass rasch ein Exekutionstitel erwirkt werden kann und die Prozesskosten so gering wie möglich gehalten werden, dies jedoch nur, sofern die beklagte Partei keinen Einspruch erhebt.

### 6.4.2. Voraussetzungen des Mahnverfahrens

Um Forderungen mittels Mahnverfahren geltend machen zu können, müssen folgende Voraussetzungen erfüllt sein:

- Es handelt sich ausschließlich um eine **Geldforderung**, sei es um einen Rückstand aus Bestandzins oder Benutzungsentgelt oder um Schadenersatzansprüche aus der nicht ordnungsgemäßen Rückstellung des Bestandgegenstands.
- Die Geldforderung darf einen Betrag von (aktuell) **EUR 75.000,00** nicht übersteigen. Werden beispielsweise mehrere Forderungen in einer Mahnklage

geltend gemacht, sind diese zusammenzurechnen, sodass der Gesamtbetrag niemals die 75.000-Euro-Grenze überschreiten darf.[404]

- Die geltend gemachte Forderung darf **nicht offenkundig unklagbar** sein. Dies gilt jedoch nicht für verjährte Forderungen, diese sind nicht unklagbar.[405] Dennoch ist es selbstverständlich empfehlenswert, insbesondere bei Schadenersatzforderungen aus der nicht ordnungsgemäßen Rückstellung von Bestandobjekten, für welche eine einjährige Präklusivfrist besteht, auf penible Fristhaltung zu achten, da von der beklagten Partei der Einwand der Verjährung erhoben werden kann, was wiederum zur Abweisung der Klage führen kann (siehe Kapitel 6.3.2.).
- Weiters ist die **Fälligkeit** der Forderung unbedingte Voraussetzung. Dies wird bei bereits entstandenen Schäden am Bestandobjekt oder Bestandzins- oder Benutzungsentgeltrückständen kein Problem darstellen. In der Praxis hat sich jedoch gezeigt, dass auf den Kontoauszügen von Mietenkonten zumeist der laufende Mietzins bereits am ersten eines jeden Monats aufgebucht wird, fällig ist dieser jedoch zumeist erst am fünften eines jeden Monats. In diesem Zusammenhang ist darauf zu achten, dass keine Forderung geltend gemacht wird, für welche noch eine Zahlungsfrist läuft (siehe Kapitel 4.3.2.1.).
- Die Forderung darf nicht von einer **Gegenleistung** abhängig sein.
- Die beklagte Partei darf **nicht unbekannten Aufenthalts** sein, ansonsten ein Kurator zu bestellen und eine Tagsatzung anzuberaumen ist. Sofern dennoch ein Zahlungsbefehl erlassen wird und die klagende Partei die Benachrichtigung erhält, dass eine Zustellung nicht möglich ist, ist im Nachgang die Bestellung eines Kurators zu beantragen.[406]
- Die beklagte Partei darf ihren **Wohnsitz, gewöhnlichen Aufenthalt oder Sitz nicht im Ausland** haben, ansonsten gemäß § 230 ZPO sofort das ordentliche Verfahren einzuleiten ist. Für Fälle, in denen die beklagte Partei in der europäischen Union ihren Wohnsitz, gewöhnlichen Aufenthalt oder Sitz hat, steht das europäische Mahnverfahren offen.

---

404 *Fucik* in *Rechberger/Klicka* (Hrsg), Kommentar zur ZPO[5] (2019) zu § 244 ZPO Rz 4.

405 *Kodek* in *Fasching/Konecny* [3] III/1 § 244 ZPO Rz 51 (Stand 1.8.2017, rdb.at).

406 *Ziehensack* in *Höllwerth/Ziehensack* (Hrsg), ZPO – Taschenkommentar (2019) § 244 ZPO Rz 5.

→ Die Klage hat **schlüssig** zu sein. Fehlen beispielsweise die für die Berechtigung des Zahlungsbegehrens erforderlichen Tatsachenbehauptungen oder lässt sich die Berechtigung des Zahlungsbegehrens aus den vorhandenen Tatsachenbehauptungen nicht ableiten, ist eine Tagsatzung anzuberaumen.[407] Es ist sohin notwendig, die Forderungen genau aufzuschlüsseln, die beispielsweise Geltendmachung von lediglich „Mietzinsrückständen" oder „Schäden am Bestandobjekt" sind nicht ausreichend. Bei Mietzins- oder Benutzungsentgeltrückständen ist sohin eine Aufschlüsselung nach Zeiträumen von Nöten, bei der Geltendmachung von Schadenersatzansprüchen hat man den anspruchsbegründenden Sachverhalt darzulegen.[408]

**Konsequenz bei Fehlen einer der Voraussetzungen**

Sofern die obig genannten Voraussetzungen nicht vorliegen, wird kein Zahlungsbefehl erlassen. Die Klage ist jedoch nicht abzuweisen, sondern vielmehr gemäß § 230 ZPO das ordentliche Verfahren einzuleiten. Im bezirksgerichtlichen Verfahren wäre sohin eine Tagsatzung anzuberaumen, im Gerichtshofverfahren eine Klagebeantwortung aufzutragen.

Es empfiehlt sich sohin einerseits aus Gründen der Prozessökonomie (rasche Erlassung eines Zahlungsbefehls, rasche Erlangung eines Exekutionstitels) sowie andererseits aus Kostengründen, penibel auf die Einhaltung der Voraussetzungen zu achten.

### 6.4.3. Ablauf des Mahnverfahrens

Die Prüfung der obig geschilderten Voraussetzungen erfolgt nur anhand der Angaben in der Mahnklage. Sind die Voraussetzungen erfüllt, wird ein bedingter Zahlungsbefehl erlassen und der beklagten Partei zugestellt. Sofern die beklagte Partei keinen Einspruch erhebt, erwächst der Zahlungsbefehl vier Wochen nach der erfolgten Zustellung an diese in Rechtskraft.

Durch das Unterbleiben einer Tagsatzung oder eines Schriftsatzwechsels kann sohin äußerst rasch ein Exekutionstitel erlangt und in weiterer Folge sogleich die Forderungs- sowie Fahrnisexekution eingeleitet werden.

---

407 *Ziehensack* in *Höllwerth/Ziehensack* (Hrsg), ZPO – Taschenkommentar (2019) § 244 ZPO Rz 5.

408 *Kodek* in *Fasching/Konecny* ³ III/1 § 244 ZPO Rz 57 (Stand 1.8.2017, rdb.at).

### 6.4.4. Rechtsmittel

**Einspruch**

Selbstverständlich steht der beklagten Partei gegen den bedingten Zahlungsbefehl eine Rechtsschutzmöglichkeit offen. Gemäß § 248 ZPO kann die beklagte Partei gegen den bedingt erlassenen Zahlungsbefehl den Rechtsbehelf des Einspruchs erheben.

**Frist**

Dieser ist binnen einer Frist von vier Wochen ab Zustellung an die beklagte Partei bei Gericht einzubringen. Es handelt sich bei der Vierwochenfrist um eine Notfrist, diese ist dementsprechend nicht verlängerbar. Allerdings besteht die Möglichkeit einer Wiedereinsetzung, sofern die Frist verpasst wird.[409] In diesem Zusammenhang ist weiters erwähnenswert, dass der Antrag auf Bewilligung zur Verfahrenshilfe gemäß § 73 Abs 2 ZPO die Einspruchsfrist unterbricht. Die Frist beginnt im Fall der Bewilligung der Verfahrenshilfe mit Zustellung des Bestellungsbescheids bzw bei Abweisung des Antrags mit Rechtskraft des abweisenden Beschlusses neu zu laufen.

**Inhalt**

Hinsichtlich des Inhalts des Einspruchs lässt die Rechtsprechung allerdings auch einen „leeren Einspruch" zu. Einer Begründung bedarf der Einspruch sohin nicht und es ist ausreichend, lediglich die Absicht zu Erhebung eines Einspruchs zum Ausdruck zu bringen.[410] Im bezirksgerichtlichen Verfahren besteht zudem gemäß § 448 ZPO die Möglichkeit, einen Einspruch auch protokollarisch zu erheben.

**Konsequenzen eines erhobenen Einspruchs**

Sofern ein Einspruch erhoben wird, ist das ordentliche Verfahren einzuleiten. Dies bedeutet, dass gemäß §§ 249 Abs 2 iVm 254ff ZPO eine vorbereitende Tagsatzung anberaumt wird.

---

409 *Kodek* in *Fasching/Konecny* [3] III/1 § 248 ZPO Rz 18 (Stand 1.8.2017, rdb.at).

410 RW0000502.

Ein bereits erhobener Einspruch kann jedoch auch zurückgezogen werden, womit der Zahlungsbefehl sodann in Rechtskraft erwächst, ohne dass es hierfür einen Beschluss benötigen würde. Der Zahlungsbefehl ist in diesem Fall sodann sofort vollstreckbar.[411]

[411] *Kodek* in *Fasching/Konecny*³ III/1 § 249 ZPO (Stand 1.8.2017, rdb.at) Rz 17/1.

# STICHWORTVERZEICHNIS